北京·考古

破译地下的历史密码

郭京宁 著

北京出版集团
北京人民出版社

图书在版编目（CIP）数据

考古北京：破译地下的历史密码 / 郭京宁著. —北京：北京人民出版社，2021.9
ISBN 978-7-5300-0533-0

Ⅰ. ①考… Ⅱ. ①郭… Ⅲ. ①文物—考古—概况—北京 Ⅳ. ①K872.1

中国版本图书馆 CIP 数据核字（2021）第 187491 号

考古北京
破译地下的历史密码
KAOGU BEIJING

郭京宁 著

*

北 京 出 版 集 团 出版
北 京 人 民 出 版 社
（北京北三环中路 6 号）
邮政编码：100120

网　　址：www.bph.com.cn
北 京 出 版 集 团 总 发 行
新 华 书 店 经 销
河北环京美印刷有限公司印刷

*

787 毫米 ×1092 毫米　16 开本　16.25 印张　172 千字
2021 年 9 月第 1 版　2021 年 9 月第 1 次印刷
ISBN 978-7-5300-0533-0
定价：89.00 元
如有印装质量问题，由本社负责调换
质量监督电话：010-58572393

谨以此书致敬中国现代考古学诞生100周年!

目 录

引 言　延伸轴线 ································· 001

第一章　人猿揖别　　北京处于华北平原、东北平原、蒙古高原三大地理区域的交会处，是中原农耕文明与欧亚草原文明碰撞、融合的前沿。距今约50万年前，北京已有古人类活动。虎啸龙吟、风云际会，北京原始文化的多元性已经形成。

　　一、历史的第一页 ························ 002
　　二、牙小意义大 ·························· 012
　　三、穿小鞋的田园洞人 ···················· 013
　　四、山顶洞人：相亲相爱一家人？ ·········· 015
　　五、走向平原 ···························· 019

第二章　文明初现　　随着磨制石器、陶器、原始农业、畜牧业等相继出现，北京迈入了新石器时代的门槛。北京的新石器文化特色鲜明。人类由适应环境逐渐转变为利用和改造环境，原始聚落产生和发展，新的社会组织结构形成。文明时代到来了。

　　一、1万年前的美妆少女 ··················· 024
　　二、京东的文明之火 ······················ 033
　　三、北埝头的小户型居所 ·················· 041
　　四、镇江营的动向 ························ 044
　　五、雪山的朋友圈 ························ 047

第三章　青铜铸礼

大约公元前2000年,北京进入青铜时代。简约的传说记载着夏商时期北京繁衍多个部族。周公分封燕国和蓟国,标志着今北京地区正式纳入中原王朝的管辖范围。春秋战国时期,北京曾经是"战国七雄"之一的燕国的统治中心。特色鲜明的少数民族文化表现了北京的地理区位特点。

一、蛇纹和金耳环的品牌效应 …………… 054

二、"北京湾"里的早期国家 …………… 064

三、其他的部族? …………… 071

四、远逝的古族 …………… 073

五、蓟城的迷踪 …………… 080

第四章　汉唐逝影

作为汉唐经略东北的基地,北京是北方要冲、军事重镇和交通枢纽。魏晋南北朝时期,民族大融合。从战国的蓟城,到唐代的幽州,北京一直是中原王朝北方的门户和军事防御的前哨,为辽金时期的跃升埋下了伏笔。

一、广阳王的地下宫殿 …………… 082

二、老山的"盲盒" …………… 091

三、唤醒千年的古城 …………… 097

四、1600岁的波斯玻璃碗 …………… 110

五、劫后余生的古佛 …………… 113

六、封疆大吏的恩怨情仇 …………… 121

七、鬼衙门的历史迷雾 …………… 135

第五章　多元一统

辽南京城的建立,拉开了北京建都的序幕,北京从中原王朝的边疆重镇一变而成为北方游牧民族王朝的陪都。"兵戎冠天下之雄,与赋当城中之半"。金中都体现了中国古代封建城市规划由中期向后期的转变。元代北京正式成为大一统的封建国家的政治中心。无与伦比的元大都对中国由长期分裂走向统一产生了深远的影响,奠定了明清北京城的基础。

一、龙泉务瓷窑:国有还是民营? ………… 142

二、辽代的"首钢" …………………… 147
　　三、北京的敦煌 …………………………… 154
　　四、地下的城市 …………………………… 158
　　五、九龙山的秘密 ………………………… 166
　　六、官场中的不同命运 …………………… 170
　　七、大汗之城的荣光 ……………………… 178

第六章　帝都过往　　明清北京作为统一封建国家的政治中心，中央机构与衙署集中，皇家园林荟萃，建筑辉煌，设施齐备，城市轮廓清晰，商业和手工业发达，科技水平领先。十三陵是中国现存最集中、完整和宏伟的皇家陵园建筑群。皇城墙与玉河留得痕迹。各方墓志讲述了社会各面，人世百态。

　　一、道不尽的定陵 ………………………… 188
　　二、皇家的记忆 …………………………… 193
　　三、宦海沉浮录 …………………………… 207
　　四、公务员，性格决定命运 ……………… 212
　　五、红墙内外 ……………………………… 219
　　六、玉河的春水 …………………………… 222
　　七、地下圆明园 …………………………… 227

结束语　拉近距离 ……………………………… 241

后　记 …………………………………………… 245

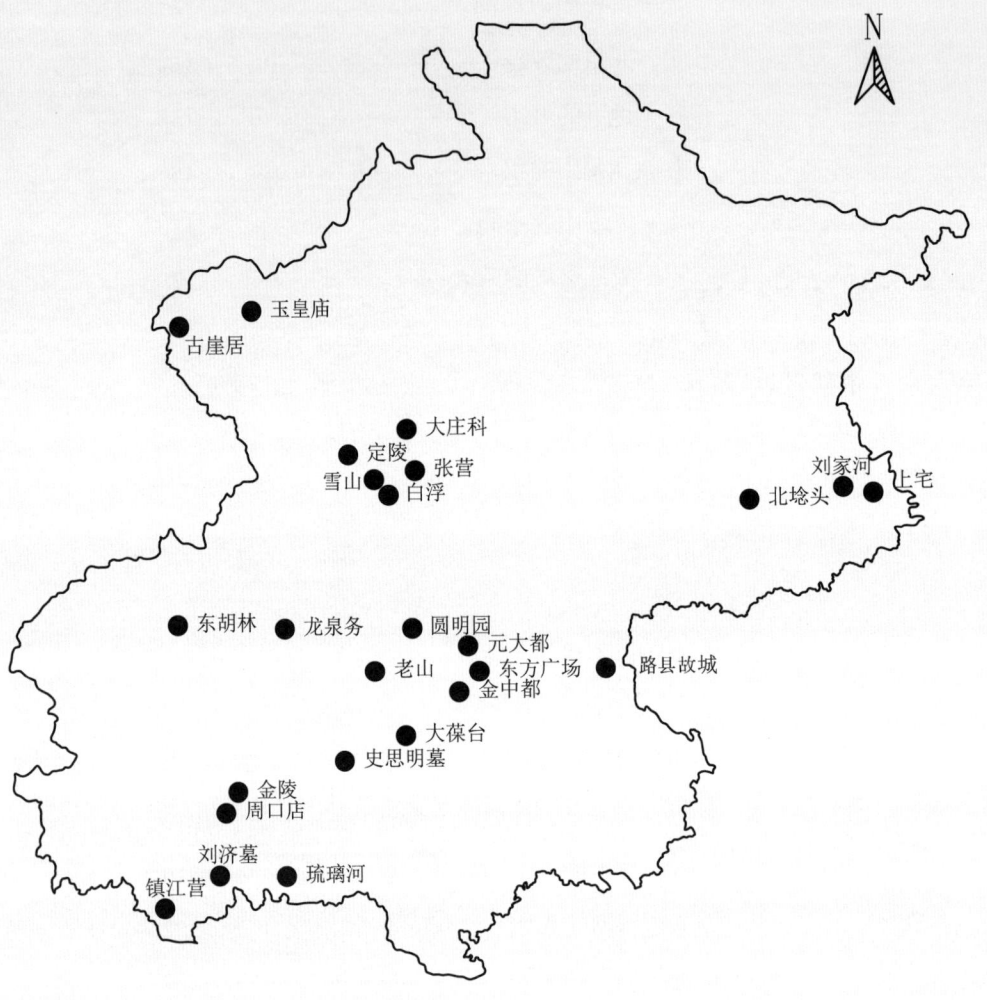

重要的考古发现犹如满天星斗，照亮一路走来的北京

延伸轴线

最早的北京什么样?

北京古人的衣食住行什么样?

北京何以成为首都?

回答这些问题,依靠的是考古学。

人们对过去的好奇,从来就不曾失去。

1921年,瑞典考古学家安特生发掘河南仰韶遗址,成为中国现代考古学的开端,至今已历百年。对北京而言,考古活动的发生则更早。100年,对于漫长的北京历史不过是沧海一粟,但对于北京历史却是开天辟地。因为现代考古学的产生、发展和壮大,北京历史的结构和内容被完全刷新了。

文字中的北京历史自《史记》中记载的西周初年周武王灭商、封召公奭(shì)于北燕后,编年就没有断过,形成一条绵延不绝的历史长河。起步于3000多年前的周代文明成果不少:发达的青铜冶炼技术、大型的宫殿建筑、高等级的贵族墓葬和大型车马坑、成熟的甲骨文、漆器和玉器、高超的筑城技术……堪称当时国内诸文化中了不起的成就。然而如果说这就是北京的起源,就像传说中的老子一样,一生下来就长着白胡子,那当然是不可能的事!

捅破北京历史的"天花板",凭借的是考古学。

考古学最大的优势在于向历史纵深的探索拓展，凭借严谨科学的理论方法、丰富完善的手段技术、扎实可靠的出土资料，不断将人类起源、农业起源、文明起源和有铭文记载历史的时间点向前推进，刷新人们对古代北京的认识。

北京是人类最早的聚居地之一和文明古都，历史悠久，文化灿烂，遗存丰厚。北京的历史，一半在地上，一半在地下，"上穷碧落下黄泉"。100年来的考古发现，极大地伸展了北京在中华文明时间河谷中的轨迹，提升了北京在中华文明发展坐标中的地位，诠释了北京在中华文明多元一体中的作用。

考古发现将北京人类活动史的轴线延伸到约50万年前，将北京农业发展史的轴线延伸到1万年前，将北京文明史的轴线延伸到5000年前，将北京建城史的轴线延伸到3000年前。即使是有文字记载以后的历史，也需要通过考古来参考、印证、丰富、完善。

百年初心历久弥坚，

百年历程波澜壮阔，

百年风华蓬勃奋斗！

回首百年，以探寻中华民族和中华文明源头为己任的考古学诞生适逢其时；回首百年，梳理和归纳学科发展的成果，解读和诠释社会发展的规律适逢其时；回首百年，展望和布局考古学的走向，揭示和探秘更多的历史恰逢其时。

考古百年，硕果累累，展示了源远流长、博大精深的中华文明。正如习近平总书记所指出，经过几代考古人接续奋斗，我国考古工作取得了重大成就，"延伸了历史轴线，增强了历史信度，丰富了历史内涵，活化了历史场景"。这些考古成就对正确认识北京人类起源史、文明发展史、城市演变史、首都形成史具有重大意义，为坚定文化自信、助力中华民族伟大复兴提供了丰富坚实的科学依据。

第一章 人猿揖别

北京是世界上最早出现古人类的地区之一。距今约50万年前北京猿人的发现，是北京历史的开端。洞穴是早期原始人类最理想的栖息地，晚期随着生存能力的提高，他们从洞穴中走出，经过河边台地，最终走向平原。他们使用原始的生产工具进行采集和渔猎；初步掌握了加工技术，制作精美的艺术品；有了简单的男女分工，以血缘关系为基础的氏族社会产生了。这段时期被称为旧石器时代。

> **小贴士**
>
> **旧石器时代**是以打制石器为主要工具的人类发展阶段，从距今约二三百万年前至距今1万年前，占据了人类历史长河的99%。**打制石器**是从石块上敲打下的石片或石核。人类制作石器，是有目的的创造活动。

一、历史的第一页

北京西南，房山，周口店。

由于一系列举世震惊的考古发现，这个原本普通的小村庄变为世界古人类文化遗址的圣地。这里有许多洞穴，成为古人天然安居之所。距今约50万~20万年前的第1（北京猿人）地点，距今约17万~15万年前的第4（新洞人）地点，距今约3万年前的田园洞和距今约18000年的山顶洞地点，都在此发现，分别代表了旧石器时代的早期、中期和晚期。

1918年2月，瑞典著名的地质学家、考古学家安特生作为当时北洋政府农商部聘请的矿政顾问，偶然得知郊区周口店一个叫鸡骨山的地方有碎骨化石。这个线索引起了他的极大兴趣。

于是他骑驴前往，果真找到了少量动物化石。北京考古的大幕就这样被悄然拉开。

100年前的1921年，安特生等人再赴周口店。这次则收获满满，不仅找到肿骨大角鹿、犀牛、鬣（liè）狗等古生物的化

> **小贴士**
>
> **人类的发展序列**通常分为早期猿人、直立人、早期智人、晚期智人。北京猿人属于直立人，代表一种更接近猿类的原始人类。中国著名的直立人比北京猿人更早的北有距今115万~65万年的陕西蓝田人，南有距今170万年左右的云南元谋人。国外在南非、东非发现了距今约180万年的直立人。因为非洲发现了数量众多的距今400万~200万年的早期猿人——南方古猿的化石，所以很多研究者认为早期人类应起源于非洲，然后迁徙到世界各地。但也有学者认为早期人类应是多地区起源的。无论是非洲起源说还是多地起源说，都需要进一步的证据。

→ 最早叩响"北京人"之家的著名考古学家安特生

石,几块白色石英碎片特别引起了安氏的注意。因为石英本不该存在于石灰岩中,是什么力量将它们从山沟对面的砂页岩山头搬到这里呢?

安特生想到了早期人类,并推测它们是被早期人类用来切割兽肉的。于是他对同行的奥地利古生物学家师丹斯基说:"我有一种预感,我们祖先的遗骸就躺在这里。现在唯一的问题就是去找到它。你不必焦急,如果有必要的话,就把这个洞穴挖空。"

果然,安氏离开不久(跑到河南去挖仰韶村了),师氏就挖到一颗猿人牙齿。在古人类化石极为罕见的当时,这一发现引起了世界学术界的震动。

更大的惊喜接踵而至。1929年,从春天到秋天,中国学者裴文中蹲在简陋的营房里,耐心地等待着与远古人类的邂逅。然而到了冬季,还没有大的发现,龙骨山顿显沉默、空旷。

12月2日,星期一。这一天注定要写进中国考古学史册。下午4时,太阳已落山,北风不停地吹,大地似乎都进入了史前的沉寂,发掘者仿佛能听到自己的心跳声。

↑ 被誉为"北京人"之家的猿人洞

> **小贴士**
>
> **北京猿人头骨化石**，被命名为中国猿人北京种，是直立人的典型形态。它的头顶部特别低平，最大宽度在两外耳门附近，眉嵴前突，头顶不能直立向上。此头骨化石的发现曾轰动世界，但抗日战争爆发后下落不明。

洞外的人们能够听到，有节奏的锤镐声自洞内隐约传来。工人们不知道镐下的这个圆形物体是什么，裴文中赶紧下洞察看，惊喜地喊出两个字："人头！"

头骨化石一半埋在松土中，一半埋在硬土里，裴文中往外掏的时候，不知道是因为激动还是紧张，头骨的一部分竟然"咔嚓"破裂了。多年之后，裴文中仍然为这次微小的失误而自责，尽管这些破损并未对后来的研究有任何影响——头骨粘接之后完整如初。

他点着蜡烛把头骨取出，脱了上衣把它包起来带回。洞中虽然昏暗，但这一画面温馨而光辉，成为考古史上的经典。这一年，裴文中只有25岁，年轻的学者发现了古老的人类。

工作人员为裴文中与头骨拍摄了一张合影。只是由于太过在意刚发现的头骨而忽略了裴文中，于是

↑ 第一具北京猿人头骨化石（复制品）

→ 裴文中与他发掘出的第一具北京猿人头骨化石

这张珍贵的历史照片中,裴文中只留下了半张脸!第二天中午,大家就肉下酒,几乎全喝趴下了。

1936年,周口店的经费只够6个月,如果这期间没有重大的发现,发掘将会结束。正在大家焦头烂额之际,历史开了一个大玩笑。贾兰坡在11天内接连发现3具猿人头骨,这一爆炸性新闻让周口店再次轰动了全世界。当时负责这项发掘的德国人类学家魏敦瑞听到这一喜讯后,高兴得连裤子都穿反了。这一年,贾兰坡也只有28岁。

周口店一共发现了40具以上北京猿人的个体。他们的体质特征比猿进步,比现代人落后;脑量约为现代人的2/3;小脑的右部不如左部发达,表明已习惯用右手劳动。

他们门齿的形状如同铲子。如果你对着镜子龇下牙,八成也是一样的——这是现代蒙古人种的典型特征。现在的中国人绝大多数是这种门齿,而白种人和黑种人很少。北京猿人牙齿

↑ 贾兰坡1936年11月26日在清理北京猿人头骨

← 根据化石的特征和解剖学原理,复原出北京猿人的相貌

比现代人粗大。现代人长期以来习惯于把食物切碎、煮熟后再吃,所以牙齿退化了。

总的来说,北京猿人的长相可以概括为原始的头骨、现代的四肢。如果他戴着帽子和口罩从对面走来,乍一看,你无非觉得他个子矮小,有点驼背,并不觉得他与周围的人有什么不同。但仔细观察的话,你会觉得他脖子粗短,而且眼睛上方横着粗大的眉嵴。如果他摘掉帽子和口罩,露出低平的头顶、后倾的前额、向前凸出且没有下巴颏儿的大脸,你就会觉得他长得很像猿类。

北京猿人上肢短下肢长,下肢骨已和现代人差不多,都是长期直立行走的结果。男性的平均身高为156厘米,女性则为144厘米。他们都是"低寿",大部分人死于14岁以前,很少有人能挺过50岁,可以说一生来去匆匆。

北京猿人距离现在有多久?这个答案是随着科学技术的发展而不断修正的。起初,依古动物化石分析为距今50万年前。后来又有了铀系法、裂变径迹法、古地磁法、氨基酸外消旋反应法、电子自旋共振法、热释光等五花八门的方法。最后两者测定的年代分别为距今约58万年和60万年。最新有人用铝铍埋藏测年法测出为距今约77万年。通常认为他们距今50万年。

营养不良、飞禽走兽、疾病、寒冷……北京猿人在生活中会遇到很多坎儿。都在江湖混，谁还没两把刷子？

大杀器之一：石器。

石器是人类使用时间最长的工具。如果把中国人类历史的170万年比作1天，那么有23小时56分34秒在使用石器。制作石器是一项技术活儿，不过北京猿人干得不错。他们用砸击法和锤击法制作石器。这是因为周口店缺少优质石材，北京猿人不得已采用当地的脉石英这样劣质的石料为主要石器原料，这种原料的石器几乎占了全部石器的九成。结果是大量消耗原材料，在效能上是以量代质。

这造成北京猿人的许多石器是以材料为主的被动产品，也就是石材的整体形状决定了石器的形状。

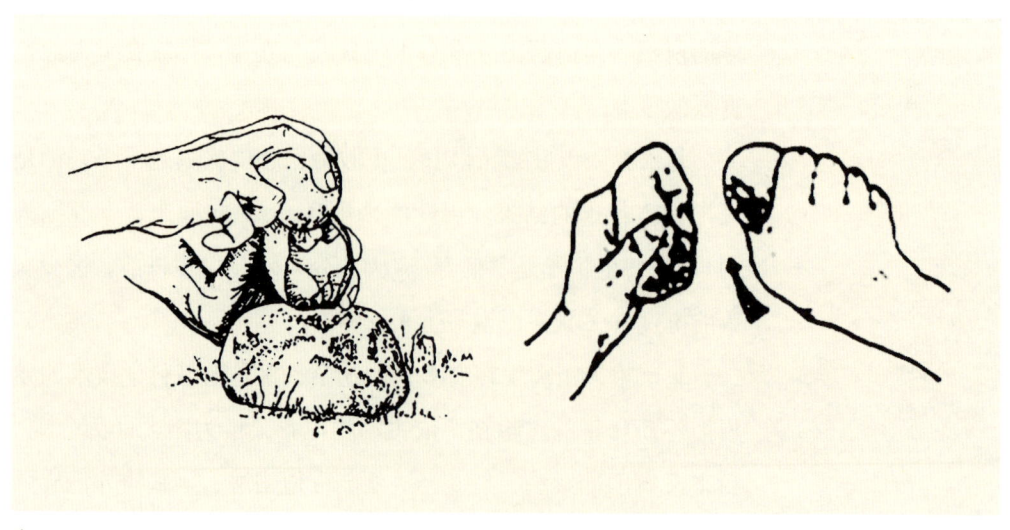

↑ 砸击法（左）和锤击法（右）是北京猿人采用的主要的石器制作方法

巧妇难为无米之炊。石料选择有限，影响到打制技术多为不精细修理的古老技术，所以石片多不定形。作为主要产品的刮削器稳定性不够，加工粗糙。石制品的用途多样，一器多用，在功能上的分化不明显。

石器有两大类。第一类是刮削器、尖状器、雕刻器、石锥等轻型工具，数量有绝对优势。其中小而轻的刮削器数量最多，占这类工具的3/4。它用于削兽皮和割兽肉，是北京猿人的匕首。

中国华北地区旧石器有两大文化传统，以周口店为代表的小石器是其中一支。这项制作小石器的技术不但在华北，而且旧石器时代中期以后在中国的西南、东北地区也有广泛的影响。

第二类是砍砸器、石球、石锤、石砧等重型工具。砍砸器是北京猿人的斧子和锤子，用于砍伐树木、敲砸骨头。

除了石头，兽骨和鹿角也被制成工具，例如刮削器、尖状器、雕刻器等。同类的骨角器，长度可以比石器大2~3倍，优势明显，更轻便，且其尖端挖掘植物根茎的作用是石器所不具备的。

大杀器之二：火。

中国神话传说中燧人氏钻木取火，但实际上，第一把火应来自自然。北京猿人是玩火的行家里手。他们居住的洞穴中，最厚的灰烬层竟达6米，里面还有大量烧过的石块、烧骨、木炭等。

火虽然不是人类自主发明的，但古人能较早意识到它的重要性并加以利用，这不啻在进化的道路上安装了一台加速器。熟食使盘中餐变得更有滋味，北京第一代吃货对美食的渴望助燃了进化之火，加强了营养吸收，促进了发育，使人类骨骼发生变化，消化功能得到提高，身高增高，肌肉发达，寿命增加。玩火还能御寒和抵御野兽的侵袭。漫漫长夜，无心睡眠。但既没有夜空中最亮的星，也没有城里的月光，只有黑灯瞎火，于是火还可以照明。所以恩格斯说："就世界性的解放作用而言，摩擦生火还是超过了蒸汽机，因为摩擦生火第一次使人支配了一种自然力，从而最终把人同动物界分开。"

大杀器之三：打猎。

人类发展的历史长河大致经历了4种经济形态：采集狩猎、农业、工业和信息化。北京猿人以采集和狩猎为生。洞穴内发现了很多他们吃剩的朴树果核。

北京猿人是打猎能手，尤擅猎鹿。擅长猎鹿是因为他们最喜欢吃鹿肉，初冬总计打了2000头肿骨大角鹿，夏秋之交总计打了1000头葛氏斑鹿。大量被火烧过的鸟类化石以中小型鸟居多，说明北京猿人也好这口。

 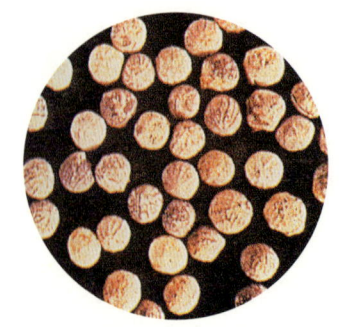

↑ 北京猿人烧过的石块，表面已被烧裂

→ 朴树果核是北京猿人的食物之一

↑ 北京猿人吃賸首逃的肿骨大角鹿

二、牙小意义大

旧石器时代中期的文化什么样？早期智人什么样？

历史的车轮不停地向前转动，10万年的"石"光倏忽而逝。

1937年，裴文中在猿人洞以南70米的第4地点发掘出动物化石和少量石器。36年后，这里又发掘出人牙化石。这枚新洞人的牙齿化石距今约17万年，体质特征介于北京猿人和山顶洞人之间。它的发现，解决了北京猿人之后与山顶洞人之前，周口店是否有人居住的问题。

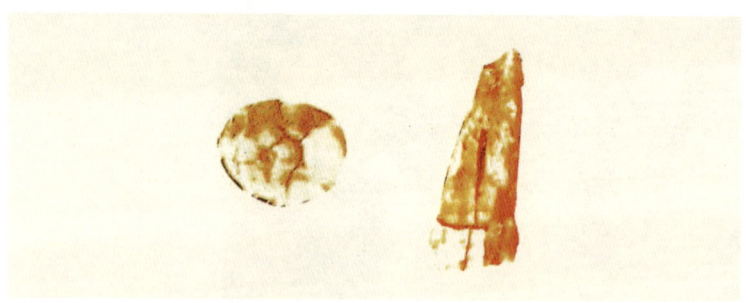

↑"新洞人"的牙齿化石，体质特征介于北京猿人和山顶洞人之间

两件磨过的骨片是我国目前所知较早的磨制骨制品。从打制到磨制，一种新的制作技术已显露端倪。

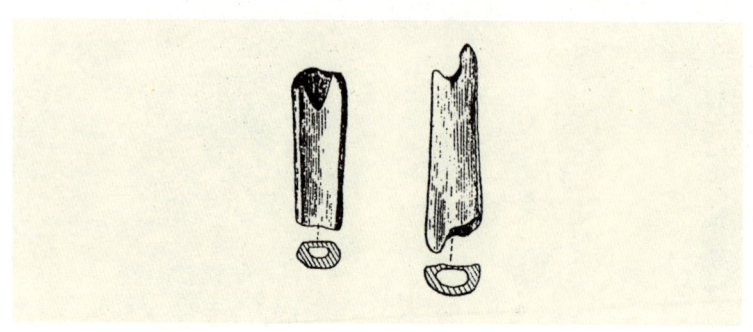

↑骨片的磨制代表了一种新的制作技术

三、穿小鞋的田园洞人

距今约10万~2万年间,人类进入了旧石器时代晚期,这个阶段的人称为晚期智人。

田园洞又称"周口店第27地点"。2001年6月的一天,地处周口店西南方的田园林场辖区内,发生了这样一件事。下午3点多钟,林场的经理带着员工在山上漫无边际地寻找水源,当来到半山腰处时发现了一个仅能容纳一人出入的小洞口。洞口的周围既没有草,也没有土,只有风化的石头,洞内一团漆黑。也许是湿润的岩石为找水带来了希望,经理抱着试试看的想法,派人带着手电筒钻进了洞。没想到进洞后,内部空间很大,居然可以直起腰来。

为了找到水,林场的员工用随身携带的铁锹,向洞中试着挖掘。水没有找到,在挖掘时却发现了一些细碎的像石头一样

→ 这个小山洞中挖出了田园洞人的化石

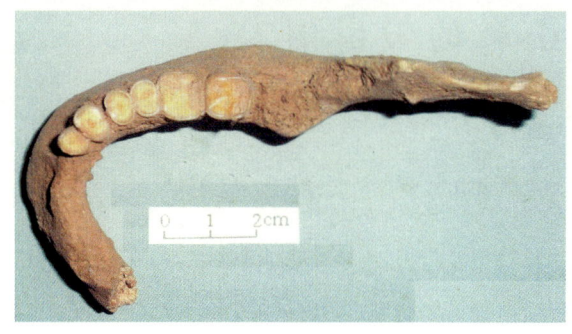

↑ 田园洞人下颌骨化石的主人是一位成年男性

的骨头。生活在周口店的人，对化石是不陌生的，他们立即将其与北京猿人联系在了一起，并将这些骨头带下山，送到了考古单位，促成了对洞穴的发掘。

古人化石包括了下颌骨、锁骨、肱骨等，属于一位成年男性。这位智人兄弟身高约1.6米，生活在3万年前。根据美国人类学家的研究，他纤细的趾骨表明当时已开始穿鞋，告别了赤脚奔跑于荒漠的时代。

科学家测序田园洞人的基因后发现，他们已呈现亚洲人遗传特征。这是目前中国最早的古人类基因组数据。虽然田园洞人是古东亚人，但并不是现代东亚人的直接祖先，而是和一个来自比利时35000年前的古欧洲人有着遗传上的联系，同时与美洲土著的亚马孙人遗传关系密切。

研究还表明，田园洞人的食谱中，鱼占了主要地位。此外，他们周边至少生活着26种哺乳动物，主要为以鹿类为主的大中型哺乳动物，大部分物种现在还生活在北京地区，而貂、黑熊、香麝（shè）、梅花鹿、马鹿及鬣羚现在在北京地区已经没有了，它们代表了这些动物在北京的最晚出现。但有些动物却是北京的首次发现，例如猪獾、猕猴、香麝这些南方动物，它们是当时环境特点的指示器，说明当时的生态环境要比现在温暖湿润。

四、山顶洞人：相亲相爱一家人？

因洞在猿人洞的"楼上"，所以叫"山顶洞"。1930年，裴文中在猿人洞山顶清除浮土时发现了另一个小山洞，洞内发现了3具完整的头骨。西方学者认为它们差别很大，分别属于严重混有欧罗巴人种成分的蒙古人种、美拉尼西亚人种和因纽特人种。这一结论意味着美拉尼西亚人、因纽特人与北京人不远万里来相聚。虽然这令读者们听起来实在是有些瞠目结舌，但这一观点在一段时期内颇为流行，甚至还有人以《娶因纽特人和美拉尼西亚人为妻的中国老男人》为标题讨论山顶洞人的种群。这一结论的言外之意是：如果约2万年前有现代中国人的祖先，他们也不可能是山顶洞人。

中国学者则认为差别没那么大，它们更多的是原始蒙古人种共有的特征，从而彻底推翻了这一假说。

动物化石中有一种生活在海洋中的海蚶的壳。它在这里出

→ 山顶洞人具有铲形门齿、阔鼻平脸等蒙古人种的体貌特征

现，是因为华北海陆变迁还是古人类的活动和贸易所致？还有体长80厘米的鲩鱼骨、大鲤鱼骨，都说明昔日周口店存在较大的河流或湖泊，而且气候温暖湿润。

山顶洞人已大为进化。他们的脑量与现代人相差无几。男性平均身高1.74米，女性平均达1.59米，基本和中国现代人没有区别了。从铲形门齿这一特征来看，北京猿人、新洞人、山顶洞人一脉相承。北京地区在原始蒙古人种的形成和东方文化的起源过程中起到了重要作用。

生与死，是一个问题。山顶洞人已有了一定的生死观念，形成了一定的葬俗。洞中一角狭小阴暗，集中摆放着人骨，有人说它是中国迄今最早的墓地。墓葬不但是人类物质社会的遗存，也是精神世界的反映。人骨周围撒有赤铁矿粉末。精美的装饰品出现在墓葬中，并与人骨有较明确的位置对应，例如穿孔石珠靠近头骨，穿孔兽牙靠近手臂。

人骨周围撒赤铁矿粉末的风俗在欧洲地区旧石器时代晚期经常见到。史前"毕加索"们还用赤铁矿粉末在洞穴中绘制壁画，赤铁矿是很好的红色颜料。人们会在死者身上、周围以及随葬品上撒上赤铁矿粉末，可能是因为当时人们的意识中，把红色作为鲜血的象征，是生命的来源和灵魂的寄生处。人死后灵魂就离开肉体到另一个世界，空余骨架。撒上象征鲜血的赤铁矿粉末，是希望死者在另一个世界中复活。山顶洞人对死者的安排，是一种原始宗教信仰。北京的早期人类似乎对赤铁矿

小贴士

史前一般指没有书面记录的远古。夏王朝之前的时期就是中国的史前，包括旧石器时代和新石器时代。

→ 山顶洞中的骨针，据说是用老虎骨做的，长82毫米

粉末情有独钟。田园洞人也用，之后的东方广场古人和东胡林人也用。

距离山顶洞最近的赤铁矿产地在河北宣化（也是安特生发现的），足足离这里有上百里。在那个交通基本靠走的年代，这里的赤铁矿粉末从何而来，目前还没有满意的答案。

洞中还有完整的动物骨架。所以有人推测，此处是一个天然的动物陷阱，动物在人类居住以前坠入。不过也有人认为这里是山顶洞人储存食物的仓库。

山顶洞人不爱玩石器——这与他们的文化发展水平很不相称。有人认为应该有更多更精致的石器，只是还没有发现。也有人认为石器已是夕阳产业，骨角制品加工才是朝阳产业，真正代表山顶洞人技术水平的是骨角器与装饰品。

通体磨光的骨针，针头尖锐，针根宽3.3毫米，而针眼的直径就达3.1毫米，两者接近，可见做工之精湛。这枚骨针是我国发现最早的旧石器时代缝制工具，说明山顶洞人在约18000年前已经能用兽皮一类的自然材料缝制简单的衣服了。

沈从文先生推测，山顶洞人以兽皮为材料制作披围式服装，已掌握了初级的鞣皮技术，将兽皮软化，以石片裁割，再将柔韧的纤维等搓捻成"线"，用骨针缝缀起来。这有利于人们抵御

↑ 山顶洞人对装饰品的整体把握、鲜明色彩的突出，表明抽象思维能力和制作工艺水平已大有提高

严寒、遮羞、装饰，揭开了北京服饰文化史上最早的篇章。

爱美之心，早已有之。山顶洞人把石珠、鱼骨、砾石、兽牙、海蚶壳等穿上孔用作装饰。穿孔砾石颇似现代妇女胸前佩戴的鸡心佩，穿孔时两面对钻，然后像掏隧道合龙一样贯通，这需要精确的角度，稍有偏差就钻歪了。穿孔兽牙出土时，5个排列成半圆形。因长期佩戴，孔道都被带子磨光了。石珠的磨制和砾石的钻孔代表了当时石器工艺的最高水平，因为对石头的磨制和钻孔是进入新石器时代才流行的工艺。

旧石器时代从早期到晚期，周口店一直是北京早期人类的不二选择。不过，再好的地方也会使人产生审美疲劳。

五、走向平原

游人交织，往来熙攘。

王府井的东方广场是闻名遐迩的商业区。但从地铁1号线王府井站B1口出来的大多数行人却不一定知道，这里在2万多年前也是古人的栖息地。

这是目前世界范围内，唯一发现于现代国家首都市中心的旧石器时代遗址。

1996年12月，岳升阳来到东方广场建设工地调查。作为侯仁之先生的博士生，他知道，旁边的北京饭店和地铁建国门站施工时，都在地下发现了古动物的化石，它们的年代距今3万~2万年。所以处于两者之间的王府井埋藏古生物化石的可能性极大。

起初他寄希望于剖面，因为剖面的地层从早到晚都有，全面地反映了该地区的历史变迁。但在仔细观看后，他并没有什么发现，于是打道回府。但也许是冥冥之中自有天意，他往回走了一段后并不甘心又折了回去。这次幸运女神眷顾了他，在距地表已十几米深的地层，他惊喜地发现了一些古代碎骨和石片！这些古人类留下的遗物让他十分激动。

文物部门考古后，确认这是距今2.6万~1.5万年的古人类遗址。把考古发现解读之后，就可以播放这段史前的视频了。

清晨，他们从湿润的晨雾中醒来，打猎者即出发寻找猎

> **小贴士**
>
> **遗址**是古人活动过的地方。**遗迹**是古人活动遗留下来的痕迹。**遗物**是古人遗留下来的实物。

↑ 在香港爱国人士李嘉诚先生的大力支持下，东方广场遗址得以发掘并建设博物馆

物。跨过大大小小的河湖，好不容易找到了最喜欢的鹿。在那个通信基本靠吼的年代，哥儿几个一声招呼采取合围战术，有驱赶的，有主攻的，最终将鹿打倒。

　　白天，制造者要不停地利用旁边河滩的石头，制造出所需的各种石器，制作石器的本领来自周口店派的真传。还有人用吃剩的大动物的肢骨做成铲子、尖状器、雕刻器和刮削器。有的人爱美，或是打算祭祀，就在骨器上撒一些赤铁矿粉末。一些艺术细胞发达的人，闲来无事，可能是为了表现他们的生活环境，也可能是植物崇拜，在骨片上画下了柏树的图案。火种管理员用石器和骨器挖出平坦的浅坑来保存火种，为了聚拢火源和放置树枝及食物，火坑里还放了几块石块。

↑ 东方广场的石刮削器（左）与骨雕刻器（右）展示出与山顶洞人相同的制作技术

傍晚，打猎小队带着战利品回到营地。火种管理员早已用树枝把火点燃。所有人围坐在篝火旁，大家用石刮削器和尖状器切割收获的硬货——原始牛、斑鹿、蒙古草兔、安氏鸵鸟、雉和鱼，边切边烤，大块吃肉并快乐着，吃剩的兽骨就近丢弃或扔在火中做燃料。吃饱了再开个务虚会，总结也好，展望也罢，结束了一天的劳动。

→ 骨片上的划痕形似柏树

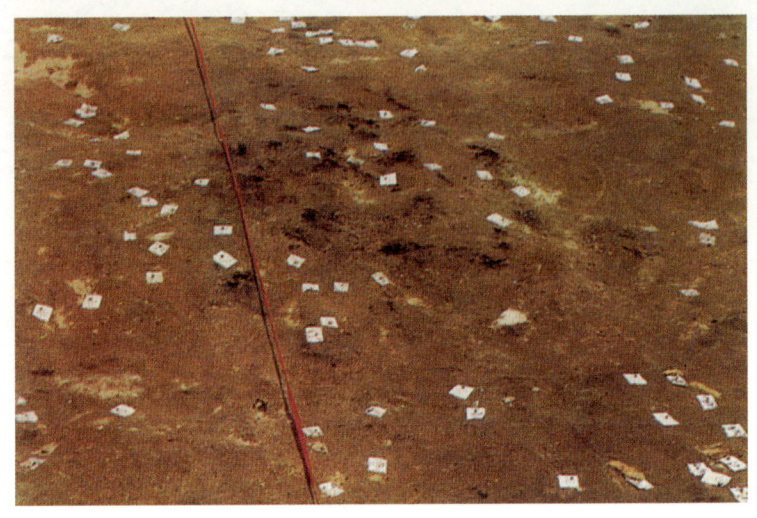

↑ 含有烧骨、烧石、木炭和灰烬等的用火遗迹

沧海桑田，物是人非。王府井，深邃悠远的古老文化与日新月异的现代建筑在这里共存。

著名考古学家苏秉琦在《六十年圆一梦》中说："考古是人民的事业，不是少数专业工作者的事业。人少成不了大气候。""'其大无外'，'其小无内'。是大学问，不是小常识……科学化与大众化是这门学科发展的需要。"

考古学虽然冷僻，但从来不是只属于少数专业人员。北京考古史上，许多重要的发现恰得益于有良知的学者和热心的市民。

第二章 文明初现

新石器时代处于原始氏族公社由兴盛到衰亡的历史阶段。人类由采集、渔猎过渡到改造自然了。人类改造自然，意味着什么？文明的曙光显现了！

一、1万年前的美妆少女

北京历史上,在山顶洞人之后出现的是东胡林人。

他们这次选择了清水河的三级阶地。这里既可以方便地取到生活用水并打到鱼,又不会离水过近而面临洪水的危害,还比较避风,在寒冷的冬季可以抵御严寒。

1966年,一群北京大学地质地理系的学生在村里无意间发现了一座古墓。学生们有地质方面的知识,觉得这座古墓位于马兰黄土上,可能年代很早,就报告了有关单位。事后得知,这座有2名成年男性和1名16岁少女3具人骨的古墓是华北地区首次发现的新石器时代早期墓葬。

如果你穿越到了1万年前的东胡林村,你会发现一名很"潮"的少女,身后还跟着两个男随从。少女身高1.65米,年纪轻轻却牙口不好,不过这不是因为她爱吃糖,而是生存压力较大,逮着什么吃什么。少女齿槽突出明显,翻译一下就是嘴巴微微嘟起,好像一副不高兴的样子,虽然没有北京猿人嘟得高。比起北京猿人不明显的下巴,她的下巴明显多了。

为什么说她"潮"?因为她是一个美妆达人。她颈部挂着项链,手上戴着手镯。项链由50枚蚶螺组成,螺壳大小匀称。每

> **小贴士**
>
> **新石器时代**是以使用磨制石器为主的时代,这个时期出现了陶器、纺织、原始农业、畜牧业。中国的新石器时代距今约1万~4000年。

个螺壳的顶部都磨成小孔,以穿绳索。手镯由7枚牛肋骨截断磨成的骨管组成,4枚长3枚短,长短相间。

进入21世纪的考古揭开了东胡林人更多的秘密。

考古上有一种不成文的说法叫"不见生土不收兵",生土就是死土、没有人活动过的土。东胡林遗址属于新石器时代早期,能否在这里发现旧石器的遗物呢? 2003年10月19日下午,狂风大作,突降暴雨,考古队不得不休工半日。雨刚小些,一名队员就披了件雨衣到工地上寻找他一直心心念念的答案。工地旁有一处白薯窖,它的剖面正可以观察更早的地层。他用手铲刮着刮着,突然发现了一段人骨。旧石器没找着,倒找到了一座新石器时代早期墓葬。为了更好地发掘,他决定暂时保护现场,便找了些浮土把人骨掩埋起来。回到驻地,他抑制住内心的狂喜,在晚饭快结束时才宣布了这一消息。大家以蒙古口杯祝贺,并总结道:"姜还是老的辣。"

一部人类文明史,就是一部美食史。东胡林人喜欢野外烧烤,所以留下了很多灰堆。烧烤是一种有悠

> **小贴士**
>
> **马兰黄土**是晚更新世的黄土,因标准剖面在门头沟区斋堂马兰阶地而得名。土呈浅灰黄色,广泛分布于燕山南麓地区。
>
> **项链**由50枚生长于海滨的蜒螺穿成,最大的螺壳长1.8厘米、宽1.6厘米、厚1.1厘米。**手镯**的骨管最大的长3.9厘米、宽1.7厘米、厚0.95厘米。
>
> 此两件文物均在首都博物馆展出。

→ 东胡林少女的项链与手镯述说着当时的审美观。

久历史的烹饪方法,从北京猿人就开始烤起来了。古人的"烤骨"成全了后人的考古。

烧烤需要有的烤呀,光靠抓来的猎物很难持续"回血续命",赶上困难时期地主家也没有余粮啊!靠天靠地不如靠自己,东胡林人就忖思自己能种点啥。原始的农业萌芽了,所以有人也把这个时期的人称为"农人"。植物考古浮选出的完整的粟和黍的谷粒,是目前中国人工种植年代最早的小米和黄米。

↑ 东胡林人的灰堆,是他们的食堂、暖气和台灯

小贴士

浮选是将遗迹内的土样放入装满水的箱子,使轻的炭化植物浮出水面以提取,而重的石屑、动物骨骼等标本则沉淀下去。用筛子筛选土中的细小标本在周口店的发掘中就已应用。但用水洗的方法浮选,技术上是质的飞跃,可以有效地发现土中的古植物遗存。采用浮选法获取植物遗存是西方考古学界的惯例,甚至有的国家把在考古发掘中是否使用浮选法作为审批发掘执照的标准之一。

有了稳定的粮食来源,谁还愿意东奔西走?有一处他们长期踩踏形成的坚固地面,里面有柱洞,外面有红烧土。不过这是不是他们住过的房子,仍待更多的证据。

人类仍处于石器时代,所以石器还是最多的。他们用附近河滩的凝灰岩、砂岩、脉石英、燧石等制作石器,但制作技术已悄然发生了翻天覆地的变化。

打制石器还是最主要的工具,砍砸器、锤、刮削器用于砍伐树木和切割兽肉。细石器是旧石器时代晚期新出现的一种特殊石器,有细石核、细石叶等。人们在硬度较高的燧石上像削胡萝卜皮一样一片片压下石片。细石核相当于胡萝卜;细石叶相当于胡

> **小贴士**
>
> 柱洞是房址的一部分。古人建房为了承重,在地面上挖洞埋柱。房子废弃后,洞内的柱子腐朽成灰,颜色与周围不同。柱洞底部垫的石块,称为"柱础"。

↓ 通过浮选法获取植物遗存是植物考古的重要内容

→ 怀疑是当时房屋建筑的人类活动面

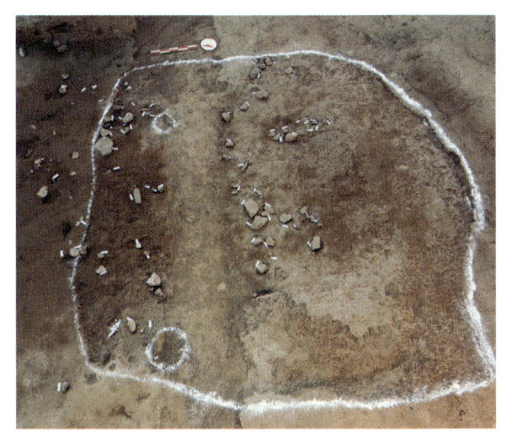

← 打制的尖状器（左）和细石叶（右）有各自的用途

萝卜皮，它像刀片一样，用于收割植物和切割兽肉。小石器是体形较小的打制石器，其中的尖状器、雕刻器用于艺术加工。

所谓新石器时代的"新"是指石器有了新制法——磨制。古人先将石材打成或琢成适当形状，然后在石上研磨加工。起初只是在刃部磨制，随后发展到全身磨光。斧、锛、磨盘、磨棒等磨制出的新产品用于建造房屋和加工食物。实际上，直到新石器时代晚期磨制石器才取代打制石器成为主要的生产工具。

"人猿相揖别。只几个石头磨过，小儿时节。"别小看这不起眼的一磨，石器经过磨制好处很多。一是可以做出更多的形状，使生产精细化。二是更容易使用。磨制石器可以将刃部磨得更锋利，在手柄处磨出印痕。这样的进步让人们使用它时变得更方便、更省力、更高效，使得人类定居生活进程加快，推进农耕时代的发展。三是促进分工。磨制石器的出现让人类在农业劳作中的分工更细。原始的生产分工和固定的劳动分工开始出现，不再依靠全族男性狩猎、女性盲目采集的生存模式，提高了人类自身的生产能力。四是促进原始手工业的出现。族群中有一批人专门从事石器制作，促成了新型石器工具的发明。

为了制作这些石器，东胡林人专门找了一个地方干活儿，留下了大大小小的石块、石片、石屑、半成品。这个地方被称

↑ 磨制石锛是加工木材的工具

为石器制造场。

有些东胡林人偶然发现，松散的泥巴火烧后，会变成一种成型的坚硬物质。人们第一次享受到了利用天然物，按照自己的意志创造出一种崭新东西的快感。于是他们拣出黏土，用富有创造力的双手，经过加工和烧制，制出了迄今中国北方最早的陶器之一。

中国古代有女娲抟土造人的传说，也有"神农耕而作陶"的说法。中国南方目前已知最早的陶器出现在1.5万年前。恩格斯在《家庭、私有制和国家的起源》中说："可以证明，在许多地方，也许是在一切地方，陶器的制造都是由于在编制的或木制的容器上涂上黏土使之能够耐火而产生的。在这样做时，人们不久便发现，成型的黏土不要内部的容器，同样可以使用。"

人们利用土、水、火3种自然元素，经过原料获取、原料制备、成型、整形、晾晒、烧制、烧成后的处理等环节，制出了陶器这一新的物品。这是人类最早的化学应用。

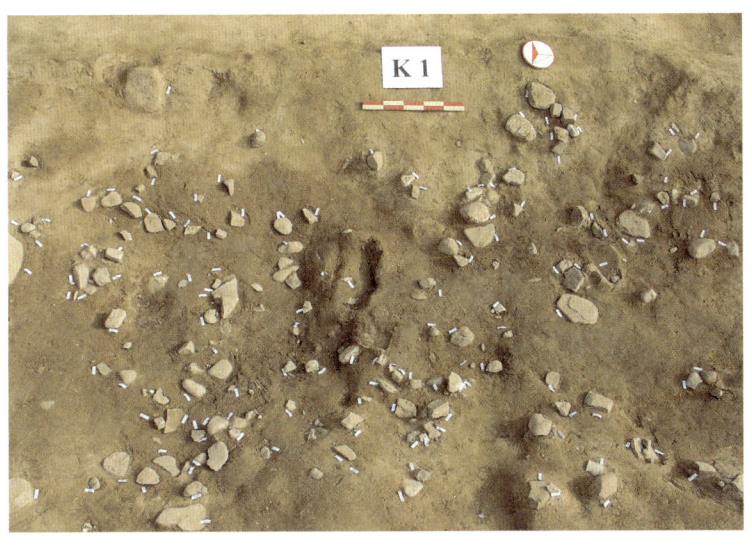

↑ 石器制造场是当时制作石器的工厂

陶器是划时代的变革标志。人类未有陶器之前，必近水而居，就水而饮，其活动之范围，不能不受水源之支配。陶器可为取水、运水、贮水之物，而人类之居住可少受水源之限制。有汁液之物，用器皿可收其汁而食之，更可制作容器，煮食熟物，和浆而食之。所以人们在享受烤鱼的同时，也能吃到炖鱼和水煮鱼了。一句话，陶器让人们吃得更好，走得更远。

陶器是古代主要的日常生活用品，被大量制造和使用，给后人留下了数不清的陶片，以至于考古人员被称为"捡陶片的"。从小小的陶片上像福尔摩斯推理一样判读陶片的年代和原来的器型，是考查考古水平的基本功。

为了让陶器更结实，东胡林人在黏土中混了些粗砂粒。那个年代的陶器和人差不多，不讲究整容，朴素就是美，器表大多没有纹饰，少数在上面贴上泥条或用指甲压出印就算"淡妆"了。陶器的做法和面食有点像，一种抻成条，一种揪成片。用泥条一条条盘筑起来做出器物的形状，这叫泥条盘筑法。用泥片一片片贴起来做成器物的形状，那叫泥片贴筑法。当时

↑ 泥条盘筑法是主要的陶器制作方法

→ 东胡林的陶盆，加厚的口沿上有指甲纹，器身素面

→ 用动物肢骨制成的鱼镖，它的作用是打鱼

的技术较为原始，人们找个平坦的地方就烧，火候不好把握，把一件陶器烧成了好几种颜色，而且因为烧制的火候不高，陶片一掰就碎。器型比较单一，都是平底器，主要是盆（盂）和罐。

东胡林人也用兽骨和蚌壳做工具。骨柄石刃器发现时尚有一枚石刃片嵌在骨槽中，石刃与骨柄形成既能相对固定又可方便替换的复合工具。其作用类似于现在可替换刀片的剃须刀，不过古人是不是用它刮胡子，就不一定了。骨柄石刃器在中国新石器时代早期北方很多地区都有。刃入骨柄，需有胶类物质使其粘牢，因此这时期必定掌握了取得和使用胶的技能。最大

小贴士

泥条盘筑法是陶器制作的一种方法。制作时先把泥料搓成长条，然后按器型的要求从下向上一圈一圈绕，盘筑成型，再用手或简单的工具将里外修饰抹平，使之成器。用这种方法制成的陶器，往往留有泥条盘筑的痕迹。**泥片贴筑法**是将泥料先揿成像饺子剂子一样的小块，再按成泥片，然后经过手捏、拍打或滚压使泥片互相粘贴在一起筑成坯体的方法。

↑ 骨柄石刃器出土时一枚石刃片尚嵌在骨槽中，柄上装饰有斜线纹

的蚌壳装饰品直径达20厘米，在一端或两端穿孔，用于系挂。

动物考古告诉人们，在东胡林人身边生活的有鹿、大型禽类、紫游螺、11种蜗牛等，它们都是东胡林人狩猎的对象。

与东胡林人遗址相似的是怀柔转年遗址。它也位于河边的阶地上，散布了大量的石核、石片和石屑，是当地最大的石器工厂。

东胡林人遗址是目前北方地区年代最早的新石器时代遗址之一。东胡林人的发现填补了北京自田园洞人、山顶洞人以来，人类发展史上的一段空白，说明北京在东亚早期人类的起源和传承中的重要地位，为研究距今1万年前后古人类的发展与演化提供了科学的依据。

二、京东的文明之火

上宅村位于"中国桃乡"京东平谷的东部。因为一次考古发现,"上宅"这个原本默默无闻的村名成为北京历史上不可或缺的名词。1984年,考古人员发现村庄旁的地面上古代陶片俯拾皆是。一座小砖厂正在疯狂取土,蚕食着遗址,场面触目惊心。他们马上就在现场进行了发掘,挖出了大量的陶器、石器。这处遗址经碳-14测年为距今7500~6000年,是北京地区独具特色的古代文明。

著名历史地理学家、北京史学家侯仁之得知后兴奋不已,指出:"京东平谷县新石器时代人类遗址的研究,大有可能与京西旧石器时代人类遗址(指房山周口店遗址)的研究,后先相继,东西映辉,从而为既是全国政治中心,又是全国文化中心的北京城的悠久历史,普增光彩。"

小贴士

碳-14测年法的原理是基于自然界中碳元素有3种同位素:稳定同位素碳-12、碳-13和放射性同位素碳-14。碳-14是宇宙射线与大气中的氮发生核反应产生的,它的半衰期约为5730±40年。它不仅存在于大气中,而且随着生物体的吸收代谢,经过食物链进入活的动物或人体等一切生物体中。生物体死亡之前,通过碳循环与大气中的碳保持碳交换,从而和大气中的碳-14比例保持一致,致使碳-14在自然界(包括一切生物体)中的含量与稳定同位素碳-12的含量的相对比值基本保持不变。生物体死亡后,与大气碳交换终止,体内碳-14被封闭,开始衰变,形成碳-14年代的起始点。因此通过测量死亡生物体内碳-14的含量,可以算出它的存在年代。

美国放射化学家利比因发明了放射性同位素碳-14测年的方法,为考古学做出了杰出贡献而荣获1960年诺贝尔化学奖。由于碳-14含量极低,而且半衰期很长,所以用碳-14只能准确测定5万年以内的年代,对于年代更久远的文物,如生活在约50万年以前的北京猿人,是无法测定出来的。

上宅先民在黏土中掺杂了砂粒和滑石粉，烧出了深腹罐、平底钵、圈足钵、盆、碗等，比只会烧盆（盂）和罐的东胡林人进步多了。如果说旧石器时代的"北京人"意识到赤铁矿，突出的是颜色的话，新石器时代的"北京人"则意识到线条，通过制作陶器突出的是形状，器物普遍壁厚而火候低。

他们比东胡林人更喜欢对陶器"美容"，在陶器的外表装饰抹压、刮条、压印"之"字、篦点、麻点等纹饰。人靠衣衫马靠鞍，施不施纹不一般。施加纹饰的好处在于：加固泥条（片）的结合，使陶器更加坚固；外表增加摩擦系数，便于端举；器物更加美观；增加器物的辨识度，不至于认错。

↑ 侯仁之先生对上宅遗址的题词

← 深腹罐（上）和平底钵（下）是上宅先民常用的陶器

从陶器的特点看，上宅文化与同时期东北的赵宝沟文化及中原的磁山文化既有相近之处，又有差别。所以说上宅文化是处于北方与中原两大原始文化之间的地方类型文化。也就是说6500年前的平谷人大多数可能是从内蒙古过来的，少量来自河北，也有一些平谷土著。这表明6500年前，北京小平原已显出地理位置的重要性，不同文化在此融合。

上宅先民更会磨石器。他们制作了大量石斧,表明当时附近森林茂盛,可以伐较多树。他们用石凿加工木料,可能已出现榫卯工艺;用石铲翻土耕种;用石磨盘和石磨棒加工粮食;用石球打猛兽;用细石叶、石镞切肉和射箭。

↑ 用于伐树的石斧（左）和加工木料的石凿（右）

← 石斧和石铲使用示意图

↑ 水里游的——石龟。两侧有四肢伸出，如同在游泳

↑ 树上爬的——石猴。下部为一蝉形身子，大眼睛显得顽皮而可爱

 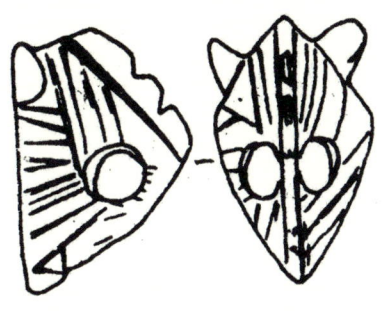

↑ 地上跑的——陶猪头。因为嘴长，有人认为是一头野猪

↑ 天上飞的——石鸮。说明当年平谷水多、鱼多、环境良好

上宅先民和现在的平谷人一样心灵手巧，做出了北京最早的雕塑品。笨拙的石龟、灵动的石猴、憨厚的陶猪头、呆萌的陶熊头、生猛的石鸮都在他们手中创造出来，如同史前动物园。

↑ 6500岁的"熊大"——陶熊头

→ 红山文化的墓葬中，玉龟被墓主人握在手中，似乎说明龟是权力的象征

　　对于它们的用途人们有不同的看法。有人觉得因为它们都非常小，体长如同乒乓球，上面有穿孔，可以系挂，所以是古人佩戴的装饰品，大概和现在手机链或钥匙链上的装饰物一样。也有人认为它们与当时的宗教崇拜有关。尤其石龟在中国龟类雕塑品中年代最早，可能是红山文化（辽宁西部的一支新石器时代文化）玉龟的前身。还有人觉得这些动物雕塑品具有写实意义，联想到上宅还发现很多的陶响球、石球，认为雕塑品与球的组合可能是计数工具——在计算的对象（动物）后放球，用以计数。

　　尽管它们真实的功能或许永远也说不清，但都是古人艺术创造的结晶，是先人留下的宝贵文化遗产。

上宅先民是复合型人才,在艺术、科学、技术方面都取得了不菲的成就。

他们是出色的雕塑家。动物造型种类丰富、线条简练、逼真传神,已经不是青涩菜鸟所为,必是具有娴熟技能的工匠方能制作。

他们是朴素的数学家。陶器的周身上,纹饰是平均分布的。在陶吧亲手做过陶器的人都知道,这不是容易的事。说明他们在施纹之前已经根据器身的周长计算好纹饰的大小和间距。等分圆周,表明他们已有朴素的数学(特别是几何)知识。

他们有矿物学的分类知识。用辉绿岩、辉长岩、河卵石等坚硬的岩石制作石斧、砍砸器、石磨盘、石磨棒这些用于砍砸、

↑ 陶圈足钵上面的纹饰表明上宅先民已能等分圆周

研磨的工具；用大理岩、白云岩等致密度高、结构均匀、有弹性的岩石制作石铲那些需要通体磨光用于翻土的工具；用质料较软便于雕刻的黑色滑石制作动物雕塑品。

上宅先民还制作了神秘的陶鸟首形器，鸟头部前面有一喙，两侧各有一眼，身上交叉画线象征羽毛。有人认为这是图腾柱，与祭祀有关。

"上宅文化"是北京首支命名的考古学文化。在它发现前，北京1万年前的东胡林人至4500年前的雪山文化之间的历史是空缺的。同一时期，中原有仰韶文化、南方有良渚文化、北方有红山文化。上宅的先民创造了独特的文化，填补了北京这一时期人类活动历史的空白。著名考古学家苏秉琦和严文明将中国的史前文明比喻成"满天星斗"和"重瓣花朵"。上宅文化是"星斗"和"花朵"中的北京贡献。

> **小贴士**
>
> **考古学文化**是在某一历史阶段内，有一定分布地域，具有相同文化特征的一类古代遗存。**仰韶文化**是黄河中上游地区的新石器时代文化，距今7000~5000年，因1921年安特生在河南渑池仰韶村发现而得名，典型的有半坡、庙底沟等。**良渚文化**因首次在浙江余杭良渚镇发现而得名，是长江下游地区的新石器时代文化，距今5200~4100年，实证了中华民族五千年的文明史。

↑ 上宅先民用的石磨盘和石磨棒，是当时的面板和擀面杖

→ 被认为是祭祀用品的陶鸟首形器

三、北埝头的小户型居所

上宅先民留下的文物虽然精美,但毕竟没有发现他们的房子。当时他们怎么住?上宅遗址发掘的同年,考古人员在上宅以西25公里的北埝头遗址找到了答案。

这里发现了10座房址。房址之间离得很近,说明大家的邻里关系不错。房址平面近椭圆形,面积有十几平方米,将将容纳下三口之家。

时光回到7000年前,北埝头人是这样盖房子的:先建一个房子的入口,称为门道。从地面向下挖成浅穴,作为卧室。

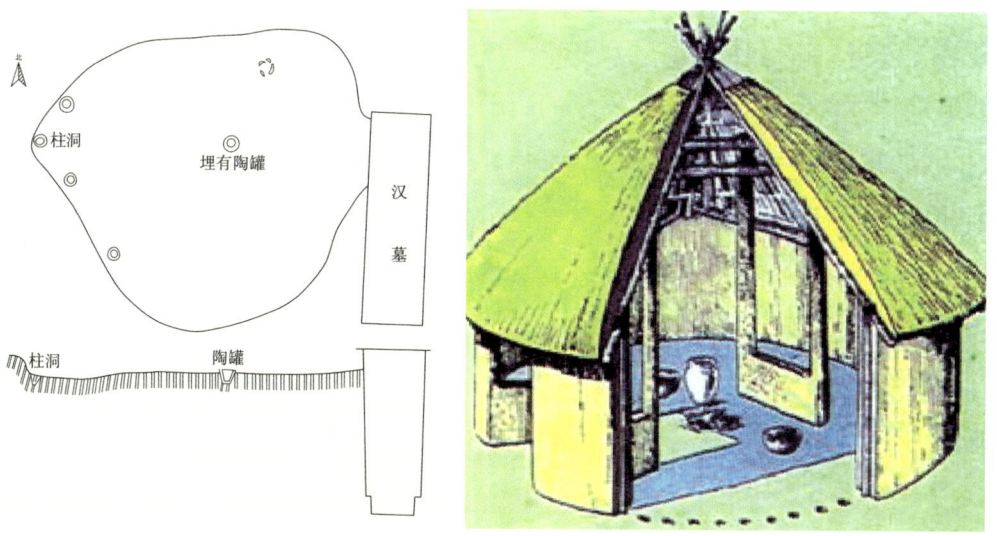

↑ 北埝头半地穴房址的平面、剖面图和西安半坡遗址半地穴房屋房址复原图

→ 卧室中的陶罐内有炭渣和灰烬，既可保存火种，又能烘热地表，类似现在北方的火炕

主体工程完工后不能马上住，还要装修。先从地面开始，在室内垫上一层干净的土，加以平整，再烘烤一下，舒适又防潮。数万年前的福建三明万寿岩的石铺地面就告诉人们，祖先表现出与现代人相同的爱好。再沿着卧室的外部挖出一周直径约12厘米的洞，立上木柱后填土夯实，搭成一个篱笆墙式的窝棚。卧室里埋上保存火种的陶罐，保暖兼做饭。注意，房子的主要建材是土和木，土木结构是中国古建筑的主要形式和特点。

半地穴房屋冬暖夏凉，适合北方地区。有了房子，人们的归属感更强了。安居才能乐业。稳定的生活让人可以改造周边的环境；猪、羊等家畜，都是这个时候驯化的。

火候不高的陶器容易破碎。碎了就扔了？北埝头人没有轻易抛弃，他们给碎陶器钻孔，系上绳索，最大限度地修复并再次利用。这个办法，有点像现在一些地区还在使用的锔锅锔碗锔大缸。正是：新三年，旧三年，缝缝补补又三年。

就算是无法再补了，没关系，还可以废物利用，变废为宝。

北埝头人把碎陶片的边缘磨圆，制成圆陶片，把它们作为小孩的玩具或占卜的工具。正是：只要会加工，废物获新生。

↓ 陶罐下部有钻孔。高超的锔补技术，反映了古人的节约意识
→ 圆陶片被认为是小孩的玩具或占卜的工具

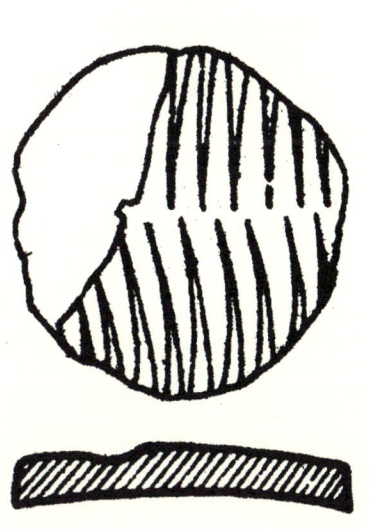

四、镇江营的动向

上宅和北埝头在京东相继迸射出文明火花的同时,北京西南的房山也不甘寂寞,出现一支特色迥异的考古学文化,它的名字叫镇江营。这支原始文化的年代从新石器中期持续到铜石并用时代晚期(距今7000~4000年)。

在1959年全国文物普查中,考古人员判断新发现的镇江营遗址属商周时期。其后的27年内,这一结论一直未变。1986年考古人员复查镇江营,总觉得这个地方应该有更早的文物,就进行了试掘,真的发现了新石器时代的灰坑。

← 小口双耳夹云母陶罐和陶支脚、陶釜组合是镇江营的特色陶器

小贴士

铜石并用时代 指新石器时代和青铜时代之间的人类物质文化发展阶段。主要工具和武器仍然是石器,同时出现了以红铜(天然铜)器为主的金属器。世界各地的铜石并用时代时间不一致,中国铜石并用时代约在5500~4000年前,开始于仰韶文化晚期,包括了大汶口文化、马家窑文化、大溪文化、屈家岭文化、龙山文化等。铜石并用时代的石器制作技术已臻完善,农业水平进一步提高。不同地区之间和同一地区集团内部的分化都明显加深,而家庭的结合则日渐稳固。从前分散的部落逐渐结成联盟,中心聚落和城堡相继出现,掠夺性战争愈演愈烈,最后导致了原始社会的解体。

↑ 相传伏羲教人们结网捕鱼，在镇江营发现了用于捕鱼的陶网坠

> **小贴士**
>
> **灰坑**是考古中常见的一种遗迹，古人利用废弃的窖穴或取土后的凹坑倾倒垃圾而形成。通过坑中的物品，可以判断灰坑的时代。

镇江营人特别喜欢挖坑，所以留下了很多灰坑，最大的灰坑直径3米多、深2米。

镇江营人制作了与上宅先民截然不同的陶器，主要有罐、釜、钵、支脚。上宅的陶器大部分是深灰褐色的平底器，而镇江营的则是红褐色的圆底器。这种区别，就是考古学文化。

大型的陶器如釜、壶、盆制作时需要分步做，先是口朝下做好器身，翻过来再续泥做口沿。他们还单独捏好纽、器耳、足等附件，在器身相应的位置挖出榫眼，嵌好附件，再内外加薄泥片盖住缝隙，修抹平整。

镇江营人似乎美学修养一般，懒得在陶器上装饰纹饰或仅做出简单的几何形纹饰。一些陶器做好后，放在地面上晾干，底面被印上了草末或木渣痕。

第二章 文明初现 | 045

镇江营人的宗教巫术与上宅不同。他们在圆陶片上挖出3个孔,下面一个大的,形似人嘴,上面两个小的,如同双眼。同样的陶片在保定也有。

镇江营人不喜欢磨石器,而是大量继续使用打制的石器。但他们挺喜欢磨制骨、角器。

镇江营的文化不会是无源之水,那么,"客从何处来"?有3种看法。有人认为是来自保定地区的新石器早期文化;也有人认为是山东地区的原始文化北向冲击扩展形成的;还有人认为,是山东地区的文化"北漂"过程中,融合邯郸地区的原始文化的产物。

↑ 镇江营的人面形陶片,可能是一种与宗教巫术有关的特制品

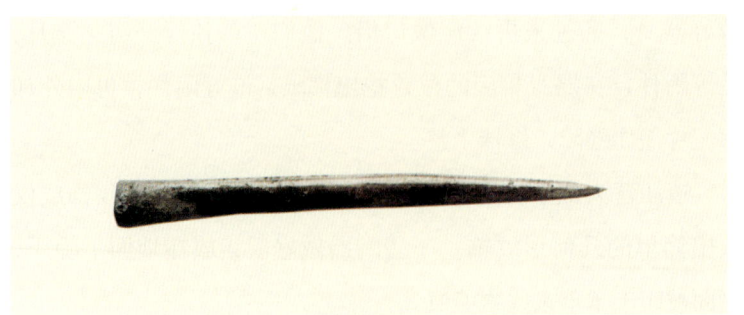

← 用动物的肢骨磨制成的骨锥,用于缝制衣物

五、雪山的朋友圈

昌平区雪山村的西北有座马鞍形的小山丘，当地老乡相传这里曾有"二郎担山"的故事。故事中说二郎担山到此，走得累了，便在此歇息，同时觉得靴子中有土，便把靴里的土倒了出来，于是便形成此山，故名为"靴山"。"雪山"一名系后来讹传。

2013年4月，一位68岁的村民大妈种田时，一锄头下去意外发现5个"古代的罐子"。老太太岁数虽然大了，但并不糊涂，知道这是文物，一溜小跑到村委会报告，并返回地里守卫了几个小时。

一位文化程度不高的农村老太太为何有如此之强的文物保护意识呢？故事要从50多年前说起。

1960年，在雪山村东修铁路时发现这里有古遗址。次年的考古之后首次在北京发现了新石器时代的文物。老人家当时给考古队做过工人，所以从那时起她就知道，地下文物属于国家，不能让它受到损失。

← 雪山一期的双耳陶罐与辽西地区的陶器十分相似

古人先秦时期在雪山村陆续创造了6种不同的文化遗存：这部地书最早的一页属于仰韶时代晚期，其次是龙山文化时期，然后是夏商时期，再后是西周早期，接下来是西周晚期，最后是东周时期。

雪山一期的先民在黏土中加上砂粒和云母粉做陶器。这些陶器与辽西地区的原始陶器十分相像。所以很多人认为两个地区的人是同一群人，或者互相影响。

雪山二期的古人则创造出与前人截然不同的文化。他们做出了更新颖的器型，如鼎、盆、碗、钵。

↑雪山二期的陶罐和陶鼎分别与中原、山东地区的陶罐十分相似

新出现了陶轮制陶，如同现在陶吧中见到的一般。陶轮的出现让陶器成型的专业化程度更高，提高了效率，可以批量生产了。"美容"的办法也更多了。例如下页的灰陶罐，肩部以下自右而左用缠有线绳的木棍滚压出绳纹。

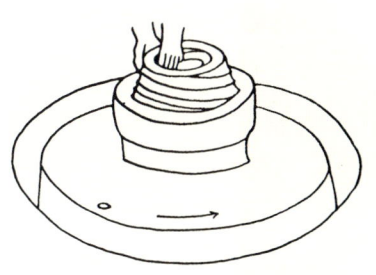

← 陶轮制陶法示意图

相传黄帝的妻子嫘祖发明养蚕织布。纺轮是纺坠的主要部件，它提高了纤维搓转与捻合的效率，为织造工作提供了充足的保障——也就喻示着古人能穿布衣。

雪山二期的先民磨制石器的水平更高，用斧来砍伐，锄、铲来翻地，镰来收割，凿来加工木器。

相比他们的前辈，雪山二期的先民更喜欢交际，结交了更多的朋友。这一情况与北京的地理位置有很大关系。

→ 陶罐器表上的绳纹清晰地表现了施纹的过程

第二章 文明初现 | 049

↑ 陶纺轮表明雪山的古人可以纺线、穿布衣

→ 陶纺轮使用示意图

北京西部是属太行山余脉的西山,北部是属阴山余脉的燕山。两大山脉在昌平南口附近交会闭合后,呈半圆形向东南方向展开。

造山运动产生的断褶带缝隙成了北京与"邻居"们联系的孔道和南来北往的通衢。其中最有代表性的,一是西北部的南口,一是东北部的古北口。

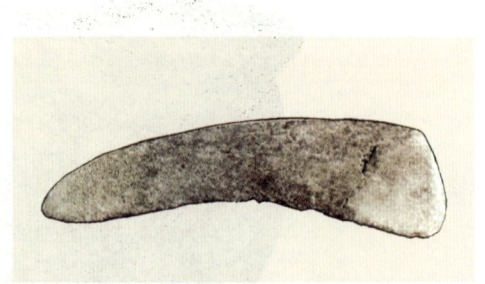

↑ 石锄用来深翻土地耕种

→ 石镰是4000年前的收割工具

北京东依辽海、西引太行、南襟河济，处于我国三大地理单元——东北平原、华北平原、蒙古高原的交接点上，"东西贡道，来万国以朝宗"，是沟通三大地理单元的中间站。向南沿太行山东麓连接华北平原；西北出昌平南口，经关沟、居庸关（军都山）通往蒙古高原；东北出密云古北口至承德，沿燕山南麓向东出山海关进入东北平原。因此这里是中原农业文明与北方草原文明碰撞、融合的前沿，多种文化交流和交会的舞台。这个地理位置决定了文化的交流与融合，更多地来自南北方向。

如果把这波文化传播的过程比作快递发货，发货地分别就是内蒙古中南部、中原、山东，方式是直邮到家。双鋬（pàn）鬲（lì）寄自北方内蒙古中南部的老虎山文化；深腹绳纹罐、大敞口平底盆、斜壁碗寄自中原豫北的后冈二期文化；高领壶、器盖、豆寄自山东的龙山文化。把不同文化中相同的东西像公约数一样提取出来，就是考古学中的文化因素分析法。广泛且

↓ 雪山二期的陶器与周边地区的陶器极为相似

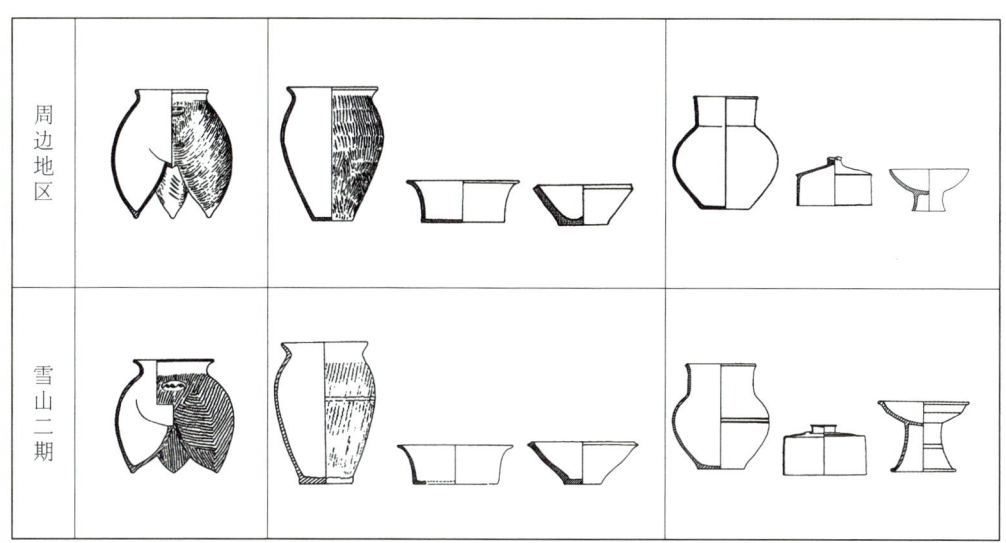

密切的朋友圈说明，风起云涌的龙山时代，北京与周邻地区原始文化的嬗变紧密相连。

有人认为，雪山一期、二期文化区别较大的原因是背后的族属不同：来自豫北一带的中原龙山文化北上，并融合了其他原始文化最终形成了雪山二期文化。《史记·五帝本纪》中，有舜辅尧政后，把"四罪"之一的共工流放到幽州（今北京），以改变北狄风俗的历史传说。两支文化的差异反映了这一文化迁徙，当作如是观。

华夏为何一体？

自古就为一体！

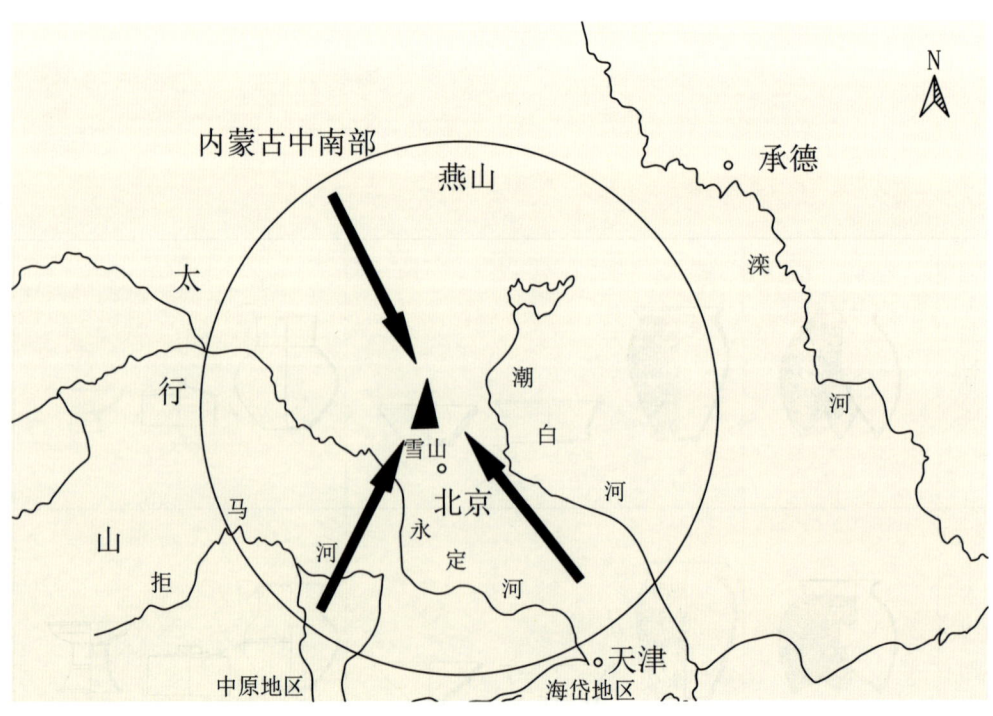

↑ 雪山二期受到周邻地区原始文化的影响示意图

第三章 青铜铸礼

  青铜器的出现是人类物质发展史上第三次重大变革。大约公元前2000年，北京进入青铜时代。夏商两代，北京地区的考古学文化属于"夏家店下层文化燕南类型"（或称"大坨头文化"）。公元前1045年，周武王灭商后，分封周王室同姓贵族召公奭于燕。春秋时期，北京是多民族杂居之地。

一、蛇纹和金耳环的品牌效应

北京地区夏代晚期和商代早期的文化面貌，体现在昌平张营遗址；商代的文化面貌，从平谷刘家河墓葬中可以窥其大略。

1984年的文物普查中，张营砖厂取土时发现的碎陶片引起了文物部门的注意。5年后，砖厂再次取土造成了遗址的破坏，考古人员遂进行了抢救发掘。

张营人喜欢用鬲，所以鬲是陶器中数量最多的器类——而之前无论是上宅还是镇江营，都没有这种东西；雪山有，但是不多——款式也极多。把相同的款式放在一起和把不同的款式分开，这就是考古学两大方法论之一的类型学。为了做它，张营人创造了一种新的制陶方法——模制法。烧制时用了温度更高的火力，所以质地坚硬。绳纹是当时的流行装饰，有的在口沿外装饰附加堆纹或波浪纹。

鬲长着3个肥胖开叉形似口袋的足，那朝天的饕餮大口，似乎向每个看它的人传递着"民以食为天"的诉求。北宋科学家沈括曾在《梦溪笔谈》中写道："鼎中有三足皆空，中可容物者，所谓鬲也。"

陶鬲古代也称瓦鬲。它的形制极具科学性：那中空的腹

↑ 鬲在中国的古物中，普遍而长久，是中华远古文明的活化石

> **小贴士**
>
> **模制法**是在制作鬲、甗（yǎn）等三足器时，用泥条盘筑在模具（或其他陶器袋足）外面，再拍打成与模具（或袋足）形状相同、大小相近的坯体，在半干时取出模具。三足分制，同时制成上半身。最后把器足和器身结合成一件完整的陶器。

部和空心足增加了容量，又可以在加热时增大与火的接触面积，最大限度地吸收热量。这样既能多盛食物，还缩短了烹饪时间，又节省了燃料。

鬲在我国古籍中有明确记载："鲁有俭者，瓦鬲煮食，食之而美，盛之土鬲之器，以进孔子。孔子受之，欢然而悦，如受太牢之馈。弟子曰：'瓦鬲陋器也，煮食薄膳也，而先生何喜如此乎？'孔子曰：'吾闻好谏者思其君；食美者念其亲。吾非以馔为厚也，以其食美而思我亲也。'"（《说苑·反质》）这一故事说明孔子时代，至少在山东，瓦鬲还流行着，不过档次不高，属于盛器中的"草根"。

人可以一日无食，不可一日无水。水对人类是极其重要的，也是进行食物加工、饲养牲畜所不可缺少的。人类曾经有过一个时期没有任何汲水工具，而是以嘴直接在水面喝水或者用双手捧水喝，还用过葫芦淘水。鬲出现在新石器时期。3个腹足站立很稳，架上干柴又可以煮水，非常实用，是当时生活中的必需器具。

鬲适于煮水和煮肉。但以其煮粥却不靠谱，因为三足内空，既不利于搅拌，又容易沉底，产生焦糊。陶罐、陶釜、陶鼎可以煮水，煮大米、小米，也可以掺菜煮粥，但都不适于蒸米饭。为了吃米饭，必须解决一个问题，即在炊具底部贮水而把食物架于水面之上，利用蒸汽把食物蒸熟，于是人们就发明了陶甑

(zèng)。甑是古代的蒸锅，开始是单用，后来便和鬲合用。上部为甑；下部为鬲，置水；中间加有网眼的隔。甑、鬲结合为一体，叫作甗。

中华民族是食草的民族，很早就会吃"粒食"。为此先人发明了蒸饭的甑与甗。就是这种在中国祖祖辈辈相袭，不论大人小孩都会的用水汽蒸饭的方法，直到近代，西方人才将之用于生活炊煮。对于此项发明，人们并不以为然，倒是一位老外，科技史专家李约瑟先生，却常常为我们打抱不平。他说："西方的许多科学发明，只是为中国人的发现做了注释。"他以此来"使人们想起过去不幸被人忽视和不被承认的许多东西"。

日本考古学的奠基人滨田耕作的《鼎与鬲》中认为鼎与鬲都是有中国特色的器物。特别是鬲，世界各地都没有见过类似器物。而且，在中国的古物中，唯独它的存在特别普遍而长久，对于追溯中华古文明的起源与流变具有特别的意义。

↓ 甗由甑和鬲两部分组成。它的下面放水，上面放米，是古代蒸饭的炊具

→ 陶甗的腹腰外、裆间饰蛇纹。这种纹饰是从北方草原地区传入的

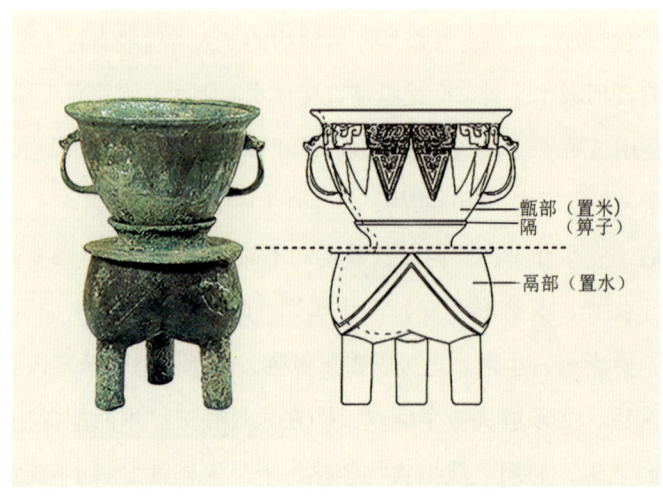

鬲起源于6000年前，消失在5世纪左右。整个过程大约相当于中华文明史的前半段。这位"老寿星"比京剧人物八贤王赵德芳更有资格称为"千岁爷"。因而鬲有"学历"和资格向后代讲述上古文明，后人有幸能从这位活化石的身上去解读中华古文明的密码。

中华民族活动的范围内，鬲在各个地区有着不同的地域差异。北京西周到战国时期的鬲是燕文化的代表器物之一，被称为"燕式鬲"。类似的，代表楚文化的称为"楚式鬲"，其他还有"商式鬲""周式鬲"等。

蛇纹是直线或波浪线状的细泥条贴在陶器外表，因如同爬行的蛇而得名。这种纹饰是北方长城沿线地区独有的，最北分布到俄罗斯的贝加尔湖地区。蛇纹在陇西、内蒙古中南部及东部等地出现均较早，北京是目前蛇纹发现的最南界，年代也最晚，所以有理由相信，这是从北方地区传入的。

传说中夏铸九鼎，大概是翻开青铜时代第一页的标记。铜是人类最早使用的金属，铜器硬度大、易铸造，给了器型和纹饰更多的创作空间。北京的夏文化仍在探索中，相当于夏文化阶段的小铜器已出现。张营人善于铸铜，在石块上挖出不同形状，浇入铜汁铸出了镞（箭头）、鱼钩、匕首等用具。

张营的主要文化属于燕山以南的大坨头文化（以廊坊市大厂县大坨头遗址为代表的早期青铜文化），但和雪山二期一样，也有许多外来文化。这种文化多元性，体现出北京自古以来各种文化势力犬牙般交错波浪般涌落的状态。

为什么会这样？各种原因都有。

北京处于中原、华北、东北三者之交的地带。时至今日，北京的昌平、延庆仍是通往张家口、大同乃至呼和浩特市的必经之路。交通枢纽位置容易产生该地区的中心聚落。得天独厚的地理条件是张营文化多元的原因之一。

↑ 镞，在石块上挖成镞形，浇以铜汁，一次可铸两枚箭头

→ 鱼钩范反映了渔猎经济形态

4200年前，燕山地区开始变冷，在4000年前降到了最低点。"铜"时，由于燕山以北居民的大规模农垦活动，导致科尔沁沙地严重地沙漠化，迫使他们不断南下越过燕山。在气候和环境的双重恶化下，北方草原文化南下，将青铜技术输入张营遗址。

气候趋于干冷的大背景下，环境同样恶劣的内蒙古中南部等地的人群及其文化向东南迁徙，对太行山以东地区施加影响。迁徙大潮中，花边鬲、蛇纹鬶等独特器物得以传播到张营。

距今4000年后，渤海西岸平原的高海面回降，原海侵区域复现。龙山时期的天险为之改观，人类活动的地点增加，为岳石文化（以山东平度岳石遗址为代表的早期青铜文化）的北上提供了地理条件，裆间带附加堆纹甗、捉手器盖、旋纹豆等随之传入。

距今3700年左右，气候趋于暖湿，农业文明北拓出现一线良机，来自冀中的下岳各庄文化（冀中北部的早期青铜文化）、下七垣文化（冀中南部的先商文化）北上。张营是筒形鬲、浅腹盆等当地代表器物的接收端。

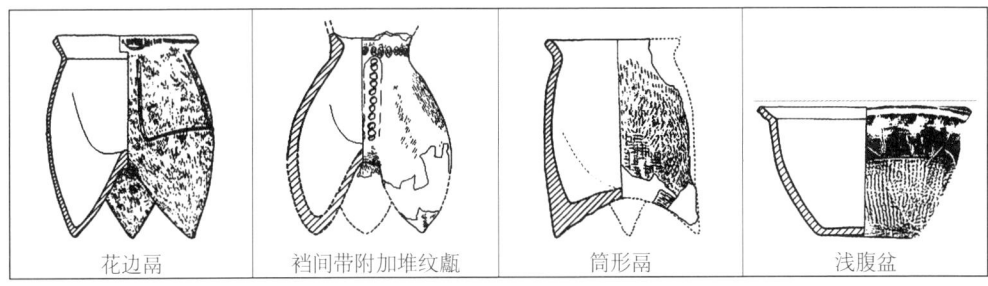

| 花边鬲 | 裆间带附加堆纹甗 | 筒形鬲 | 浅腹盆 |

↑ 古代张营的"舶来品"

频繁的环境变迁是张营文化多元的原因之二。

没有对比就没有伤害，当周围的人还在使用石器和陶器时，张营人已经领先一步开始铸铜了，虽然尚不知道是如何炼铜的。这在早期青铜遗址中是很少见的。他们可能凭借这一技术上的优势向周边地区输出铜制品，从而确立核心地位。

商人除了擅长做买卖、喝酒、算命外，和他们的继任者周人一样，喜欢迁都。商人一共迁过13次都城，都城屡变的原因有人说是争夺王位，也有人说是水灾，但更多的人认为是他们就像《星际争霸》中农民采矿一样，以追寻青铜矿和锡矿为主要目标，没的挖了就换地方。在他们看来，青铜器在沟通天地上有着独特的力量，体现了政治、宗教、美术的结合，是夏商周三代人的精神支柱、立国之本和战略资源。

商王朝建立前，北京已有商人群落。他们对铜资源的追求

↑ 张营出土的铜削刀（左）和铜箭头（右），虽然形状简单，但反映了一种新的生产技术

是民族性格和统治手段中固有的秉性，与后来者无异。加上张营所处的地理位置极具南北会聚的战略意义，也就不难理解商人为何对此地力图加以控制了：北京在燕山南麓的资源开发、整合上富有潜力，且是取得远方资源的交通要道。在取得矿产资源的战略下，虽远离中原，也成为商人的必争之地。

政治控制是张营文化多元的原因之三。

北京是山区向平原过渡地带，既是农牧分界区，又是农牧交错地带，如著名考古学家苏秉琦所言，同一时代有不同的文化交错存在，不同的群体在这里交错，正是这一地区古文化的特点。融合是常态，文化的迁徙与流动，构成了北京地区文化多元的传统。

新石器中期以来，永定河以北的北方平底器（以上宅为代表）系统与以南的中原圜底器（以镇江营为代表）系统北南并立，各安其境。北京北、南部地域文化的差异至今仍存在，就像平谷的"京东肉饼"和房山的"豆角焖饭"各有千秋一般。

开放、交流、包容、融合是北京的文化传统，形成惯势。

文化因子中有交往的活跃成分在；且在社会文化因素的层级中是稳定的，具有传承性。这种心态、动机和行为已构成北京文化的传统心理。

北京作为多种文化联系的重要枢纽，它不是以本身的经济实力，而是以优越的地理位置来表现自己的价值。它将中国中原与欧亚大陆北部广大草原地区相联结，在中国古代文明缔造史上有着特殊地位和作用。中国统一多民族国家形成的一连串问题，都在这里得到了集中的反映。不仅先秦时期如此，以后的"五胡乱华"到辽、金、元、明、清文化的摆动，民族的融合，一直都未曾停止，宛如一条经久不息流动的河。

在联结北方和中原"中国相互作用圈"的过程中，北京对于多种文化间的互相吸引和兼容作用明显，起到了沟通中原农业区与北方草原区的联系和经济模式之作用。北京地区的文化旋涡、熔炉和纽带地位，为文化上"早期中国"的形成、发展和成熟做出了重要贡献。

开放包容的文化传统是张营文化多元的原因之四。

张营人各部门的分工已经很明确。他们用陶拍、陶垫制陶；用陶纺轮纺织；用石斧、石铲、石刀、石磨盘、石杵开展农业生产和加工；用铜鱼钩、陶网坠捕鱼，过着以原始农业为主，兼营渔猎业的社会经济形态。

小贴士

"中国相互作用圈" 由著名考古学家张光直提出，指6000~5000年前，中国北至辽河，南至珠江，东至海岸，西至甘青的史前文化圈子。圈子内的各区域文化互动，维系成"最初的中国"的纽带。
"早期中国" 指中国早期文明，是秦汉文化中国和政治中国的基础。

张营人和他们之后的琉璃河人在生产工具、技术上差别不大。实际上，20世纪中叶黄土高原上一个农民所使用的工具、他的生活方式乃至于他所介入的经济组织，都可能和一个2000多年前的农夫相差不多！

1977年的夏天，几位平谷刘家河村的农民来到故宫门口。他们并不是来参观的，而是来问领导要不要买文物。原来他们在种地时发现了一座古墓，里面有不少宝贝。不了解《文物法》的农民不知道挖出的文物要及时上交文物部门，而是觉得能卖钱，又不知卖给谁，于是找上了故宫。

古墓中的鼎、鬲、罍（léi，古代盛酒的容器）、盘、人面纹饰等青铜器，属于中原商文。扁喇叭口式的金臂钏和金耳环则属于北方青铜文化——夏家店下层文化。它们从西方传来，受到了欧亚大草原的影响。这两种金饰品在界定墓主人身份方面十分关键。铜泡（古代衣服上或马具上的装饰物）上有平纹麻布，是北京发现的最早的织物遗物。

就像人可以穿不同衣物，但口味和口音却能暴露其籍贯一

↓ 铜罍，在器物肩部塑造3只羊头，是商代的"魔幻现实主义"，属于中原商文化
→ 金耳环，属于北方草原文化

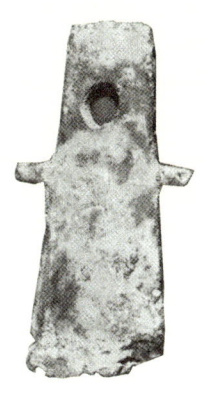

← 黑科技高手铁刃铜钺代表了当时最先进的科技水平

样,装饰品的形式风格与佩戴部位,是最能反映民族属性的特点之一。所以,中原风格的殷商青铜器虽然多,但属于外来输入文化因素,而金臂钏和金耳环等看似少数的文物,反恰是真正体现其文化性质的因素。

特别要隆重介绍铁刃铜钺(yuè)。它虽然颜值不高,但就像许多绝顶高手往往其貌不扬一样,却代表了当时最先进的科技水平。它采用天然陨铁,加热后锻打成薄刃,再用铜汁浇铸而成。铁用于砍割的刃部,古人显然注意到了它坚硬特质的金属性能。

它与河北藁(gǎo)城台西村发现的铁刃铜钺基本相同,如同哥儿俩。它们把中国用铁的历史上溯到距今3500年前。京冀地区也成为中国最早使用铁器的地区之一。铁器的出现,标志着人类物质发展史上自石器、陶器、铜器之后,第四个时代——铁器时代的晨曦出现了。

刘家河古墓的时代为商代中晚期。当时北有殷墟、台西,南有三星堆、大洋洲等著名商代遗址。青铜文明灿如繁星,形成了绚丽的中国青铜时代。

从金臂钏、金耳环、铁刃铜钺,以及16件一套的成组青铜礼器分析,墓主人是北方某方国的一位握有重权的贵族首领。

第三章 青铜铸礼 | 063

二、"北京湾"里的早期国家

北京与"燕"有千丝万缕的联系:燕京是北京古时的称谓,名自燕山;燕京啤酒驰誉海内外,北京奥运会的吉祥物之一妮妮是一只北京雨燕……北京为何与"燕"联系在一起呢?

《史记》记载,周武王灭商后,封他的同姓贵族召公奭于一个名叫"北燕"的地方。这是文献中见到"燕"的最早记载,但这个北燕到底在什么地方却是长期以来的一个未解之谜,直到琉璃河遗址发掘研究取得突破性进展。

1945年,在银行工作的吴良才(他是曾发掘著名的山东龙山城子崖遗址的考古学家吴金鼎的弟弟)为与琉璃河水泥厂商谈贷款事宜,途中路过房山董家林村,看到地面有不少古代陶片。他认为非比寻常,就打包回到北京,找到苏秉琦。苏秉琦一看就判断是商周的陶片,但当时政局混乱,没有条件去做考古。

吴良才对考古有着浓厚的兴趣。多年之后,苏秉琦每谈到琉璃河必定要说:如果没有吴良才的发现,也就不会有几十年后琉璃河遗址的发掘。

1964年,黄土坡大队的社员挖菜窖时发现两件有铭文的铜器。鼎上是"叔乍宝尊彝";爵上是"父癸"。但他们当时并不认识,误以为是"香炉",受人怂恿就拿到琉璃厂去卖。谁想琉璃厂的人警惕性高,认为是从古墓中盗出的文物,就偷偷报告了派出所。文物交给了国家,村民得到了1元的路费和一部《毛泽东语录》。

这么完整的青铜器肯定来自古墓。根据这一线索,考古人员随后找到并发掘了西周的贵族墓地和车马坑,多件铜器铭文提到"匽(燕)侯"。

当时条件艰苦,考古队从京剧团找来一些戏服作为队员的工作服。大家兴冲冲地打开一看,立刻兴致全无。原来是演现代京剧《沙家浜》淘汰下来的戏装。灰色的是新四军伤病员穿的,土黄色的则是胡传魁忠义救国军穿的,而且大小不一,肥瘦不等。穿上这些衣服,当地群众喊道:"胡司令的部队又回来了!"

在北京考古史上,琉璃河遗址经历了5代考古工作者,发掘次数之多、时间之长,仅次于周口店。

1986年11月29日,本是计划收工的一天,当1193号大墓发掘到底部时,太深了,水都冒了上来。天空开始飘起雪花,迅即封冻。在如此天寒地冻的气候中发掘,酒是不能少的。工人"谁下墓坑每人两瓶二锅头",队员下水前也要喝上二两酒,在水中泡10分钟就上来。说发掘实际就是水下考古,摸一件,捞一件。

当大家看到直径3米多的盗洞直达椁室时,心情都如天气一样拔凉拔凉的。因为盗墓者进入墓椁后,珍贵的随葬品极少幸免。

不过,像很多重要发现都是在最后关头出现一样,摸着摸着,有民工喊:"有大家伙了!"浑浊泥水中发现了两件完整的青铜器。这个发现使大家忘记了天上飘下的雪花和脚下冰冷的冻土所带来的寒意,仿佛春暖花开。他们倍感兴奋,欢呼雀跃。

由于两件铜器锈蚀严重,加之从墓底取出时满身泥水,工作人员决定先修复。想不到两个月后,除完锈的它们面目焕然一新,并立即名声大振,被列为国宝级文物。其原因就是它们自带了"身份证"和"说明书",上面的铭文讲述了最早的"燕"

小贴士

金文是专门铸刻在青铜器上的文字,多出现在商代后期和西周的青铜礼器上。主要内容是关于当时祀典、赐命、诏书、征战、围猎、盟约等活动或事件的记录,反映了当时的政治、社会生活。

小贴士

克罍的形态为方唇、侈口、平沿、短颈、圆肩、鼓腹有圈足。器盖上有圆形捉手。颈部有凸弦纹两周,上腹部有凹槽一周。肩部有兽首状半环形双耳衔环。下腹部有一兽首形鼻,器盖和肩部分别分布有对称的圆涡纹4个和6个。此器口径14厘米、底径14厘米、双耳间距27.2厘米、通高32.7厘米。克盉的形态为方唇、侈口,前有流后有鋬,鼓腹,略分裆,裆底近平,下有4条圆柱足,上有半环形纽。纽的两端各有一对凸出的双目和角组成兽面,纽和鋬之间有环链连接。盖和颈部各饰4组鸟纹,鋬做兽首状,有双目双角。此器口径14厘米、通高26厘米。从这两件铜礼器的形态:罍为小口,短颈,圆肩,圈足较矮,以弦纹、圆涡纹为装饰;盉体圆鼓,分裆不甚明显以及鸟纹的长尾不分段等特点来看,它们应为西周早期文物。此两件文物现展于首都博物馆。

国——根据铭文,它们被命名为"克罍"和"克盉"。

腹部下有圈足的是克罍,有嘴(流)有把手(鋬)、下面有4条腿的是克盉。它们有内容相同的铭文43字。

铭文的大意为:周王说,太保,你用盟誓和清酒来贡奉。我非常满意你的贡享,令你的儿子克做燕国的君侯,赐羌族、驭族等前往,并受管理和使用。克到达燕地,接收了土地和管理机构。为了纪念此事,制作了这件宝贵的器物,并刻铭以记之。

↓ 克罍和它的铭文讲述了最早的燕国

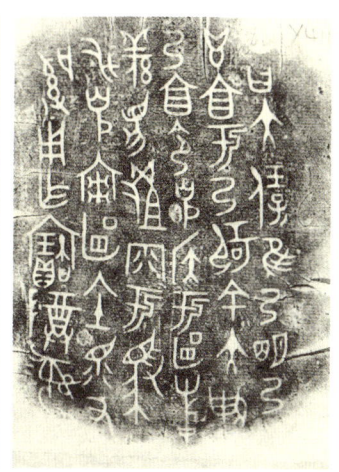

↑ 克盉的铭文与克罍内容相同

召公是周王身边的重臣，所谓周初三公（周公旦、召公奭、姜太公）之一，地位十分显赫。当年周武王在召公的辅佐下，一天就开疆拓土上百里，他是第一代燕侯，虽然不曾亲往。不过，他儿子克带着铭文上的诗来到了远方。第三代燕侯旨是克的三弟。第四代至第八代则有待于新的考古发现。

克罍、克盉和它们的小伙伴们，用文字清晰地说明：房山琉璃河遗址是西周燕国的始封地！它们也是北京城的首批居住者，是有3000多年历史的北京老炮儿！

燕人喜欢坐豪车。其中一位陪葬了14辆车，有42匹马，其中6辆车上还装配了北京最早的伞盖。这在商周时期是很少有的，反映出燕国的手工业技术在当时处于领先水平。有了它们，车主出行可以风雨无阻了。

燕人也很喜欢漆器，使用了罍、豆、觚（gū）等。我国生产漆器的历史较早，但成组并能复原的漆器在商周时期不多。中国螺钿工艺发现于1500年前的南北朝的实物，琉璃河漆器的螺钿工艺，把这一时间又提前了1500年。

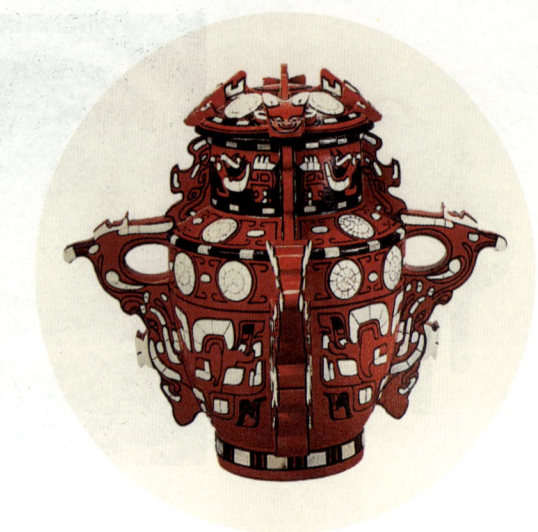

→ 由刻花蚌片和彩绘组成的漆罍，是漆器中的上品

西周初期，燕地人民具有和中原相近的宗教习俗。琉璃河人也使用龟甲、兽骨进行占卜。这些占卜的人是最初的思想家，他们就是巫师。龟甲和兽骨经过打磨修整，然后钻、凿，占卜时用火烧灼。

许慎在《说文解字》中说："仓颉之初作书，盖依类象形，故谓之文。"甲骨文是公认最早的成熟文字。目前全国有22个地点发现甲骨文，北京就有3处（琉璃河、白浮、镇江营），一共出了8片甲。琉璃河甲骨文的文体与殷墟（商代晚期都城）的一致，而背后的方凿，又有明显的西周特点。

燕国建都在琉璃河，燕侯肯定住在城里。事实上，中国最早的古城在距今6300多年前的澧县城头山遗址就已经出现了。这样，城的发现就很重要。

小贴士

甲骨文是商代和西周早期王室用于占卜、记事而在龟甲或兽骨上锲刻的文字。从字体的数量和结构方式来看，甲骨文已经是有严密系统的文字。

燕国古城位于墓葬区的西北部。北城墙长829米，东、西墙大部分，南城墙，由于大石河（又称琉璃河）河水冲刷，今天已经看不到了。

燕人筑城时，先在地面挖浅槽形墙基，向槽内填入纯净的黄土，将成捆木棍绑在一起作为夯具将土逐层夯实。夯过的城墙变得更坚固了。为了支撑主墙体，并保护它不受风雨侵蚀，在墙体内外再堆土形成内外护坡。"傅说举于版筑之间"，商代大臣傅说就曾在筑城的工地上当过建筑工人。

城墙的发现说明北京建城的历史至少在西周初年。此后，城市这项"人类走出洞穴后最伟大的文化创意"也选择了北京小平原。从汉蓟城到魏晋隋唐的幽州城，从辽南京到金中都，从元大都到明清北京城再到近代的北平，北京城市的躯体中流淌着3000多年的文脉。

那么，燕都建成于哪一年？这要归功于天文科学的研究。《史记》记载，十一年周武王灭纣，同年封召公奭于北燕。

↓ "成周"辞甲骨说明，燕都建于成周城（西周的东都、今洛阳）之后。也就是说，燕都最早建于周成王（周武王之子）时期

→ 琉璃河的西周城墙，墙基宽8米，每层夯土厚5厘米，夯窝小而密集

↑ 韩国首尔百济博物馆的筑城示意图,筑城由选土、夯打等过程组成,分工明确

说来也怪,重大的历史事件往往伴随着自然现象。1976年,陕西出土的一件青铜器上的铭文记载,武王克商时有哈雷彗星出现,成为破解这一悬案的密钥。按照哈雷彗星周期推算,从1986年哈雷彗星路过倒推到第四十一次是公元前1057年。再结合《尚书·召诰》《竹书纪年》等文献的记载,科学家们将公元前1045年定为武王克商,也就是燕都城的建造年代。

后来,"夏商周断代工程"根据天文、文献、金文历等学科的综合研究,确定公元前1046年为武王克商年。

以公元前1045年计算,1995年是北京建城3040年,当时北京市举办了声势浩大的"生日"庆祝活动。琉璃河,对搞清周初封燕问题,起到了关键的作用,它指明了《史记·燕召公世家》记载的"封召公奭于北燕"中的北燕封地的"时"与"地"。

三、其他的部族？

西周初期，北京地区并非燕国一枝独秀。周武王建立周王朝后，为了表达对黄帝的尊崇和对黄帝后裔的安抚，把北京的原住民封为蓟国。《礼记·乐记》载："武王克殷反商，未及下车而封黄帝之后于蓟。"结果是蓟人所居之地纳入了周的版图，也使北京土著——蓟人，有了在周王朝中的合法身份。

彼蓟何在？有人认为今天广安门一带原有一高丘名叫"蓟丘"，即是古蓟国所在。但也有人觉得蓟就是商代末年就有的箕，"箕"和"蓟"是同音异体字。

1975年，昌平白浮鹿制品厂的工人响应国家"深挖洞、广积粮"的号召对原有的简易防空洞进行改造，打算改建为地下仓库。当推土机推开一块篮球场大的地方，向下挖到两三米深的时候，出现了不少木头。那些木头虽已糟朽，但全是大根的方木，看样子是个古墓，厂领导赶紧停工，并上报了文物部门。

考古人员发掘后，确认了3座西周时期的古墓。当时大家只能坐345路长途汽车往返奔波。就是在这种艰苦的条件下，小筛子中筛出了后来被学术界公认为"北京地区具有重要意义的"甲骨碎片。除了考古收获之外，工作人员还近水楼台买到了鹿场生产的鹿茸精，"仅仅1元1瓶，而且绝对保真"。每每回忆这段经历，几位考古人员还津津乐道。

← 以小孔代表双眼的马首青铜剑

这个偶然的机会让沉睡了3000多年的古墓被发现了，墓中的随葬品多达600多件。有人考证兵器上带有的"丌"或"囗"铭文就是"箕"，指向了蓟国。

剑是用于近战刺杀和劈砍的锋刃兵器，攻防兼顾，中外皆有，是北京考古发现最多的冷兵器。今有蒙古族传统乐器马头琴，古有白浮青铜马头剑。马口紧闭，小短耳直立。马颈与剑柄合二为一，整剑别具一格。

主人是女性的二号墓中竟然有大量青铜刀剑，这和一般女性不随葬武器的情况不同，莫非是带过兵的女汉子？或者是英勇善战的美少女战士？

三号墓出有龟甲。上面的锲刻文字字形较小，颇具商代晚期甲骨文的风格。其中一片刻"其祀"二字，另一片刻"其尚上下韦驭"。椁室内还有大量牛、羊等肩胛骨做成的卜骨。有人认为，"尚"读"当"，有"中""正""主"之意，"上"即"帝"，"驭"同"御"，"韦"是卜人之名。但也有人觉得，"其尚"可释为"其享"，与"其祀"相近。

白浮古墓里的各式短剑、斧、戈、盔、刀等，都是北方草原地带流行的青铜器，与琉璃河燕国贵族墓葬的区别显而易见。同时白浮位于北京西北部的浅山区，距燕国的统治中心琉璃河有较远的距离。所以有人以为，燕国尚未完全控制这一地区，这一带仍属于蓟国。墓内鼎、簋、壶，以及车马器当卢、铜泡等中原风格的随葬品，说明蓟国的居民，尤其是上层贵族与燕国的关系已十分密切，或许已经接受了燕国的政治统治。

但也有人觉得，白浮墓主人这样的国朝武将坐镇昌平，显示出北京地区已归燕国所有，曾被分封于此的蓟国可能已灭亡。

四、远逝的古族

著名学者王国维曾提出"二重证据法",意指传世文献资料和出土考古材料结合印证的重要性。北京的历史上,军都山春秋墓地的横空出世是重要的一页,因为它就是借助考古学而填补了历史的空白。

中国自古以中原为华夏,"四夷"为周边少数民族。《礼记·王制》中记载:"中国戎夷,五方之民。"《史记·匈奴列传》中记载了春秋时期北京北部的一个古老部族名曰"山戎"。"唐虞以上有山戎。"山戎人"以射猎禽兽为生","随畜牧而转移","逐水草迁徙","毋城郭常处耕田之业","人习战攻以侵伐","常为燕、齐之边患"。

山戎族是否真的存在?如果有,会不会留下实物?因为该部族"无文书,以语言为约束",故世人对山戎的了解,过去只能止步于文献。

20世纪六七十年代,文物部门多次征集到青铜短剑、铜马器、铜带钩等完整的文物。它们都在延庆北境军都山沿线出土。层出不穷又风格鲜明的春秋青铜器,它们的主人是谁?这引起了考古人员的注意。

他们怀疑青铜器的连续出土不是偶然的,而是隐藏着一段消失的历史。查阅史籍资料后,他们认为延庆北部山区就是《史记》中山戎族的活动地区,青铜器就是山戎族的遗留。

若要验证这一假设,就需要考古材料的证明。

怀着一定要揭示这一历史悬疑的目标与信心,1985年,考古人员对延庆区乃至河北张家口、承德,开展了全面考古。找到山戎的留世遗存,成为考古队的学术梦想和追求。

发掘之初并不顺利,工人们向下挖了2米后并没有找到古

↑ 几经周折，才找到玉皇庙墓地

墓的痕迹，一些人由兴奋变得沮丧，甚至怀疑了。而考古人员坚信，文物在这里发现，墓地也应该就在这里！将这种学术信念转化为坚持。不懈地下挖后，终于在沙石和河卵石下面发现了400余座墓葬，时代正属春秋时期！

事后方知，战国晚期，山上的泥石流冲下来把墓地掩埋了，覆盖了三四米厚。祸兮福焉，也要感谢泥石流，墓地才得以完好保存。首战告捷后，考古队乘胜追击，在另外两处又找到200座古墓。3处墓地共出土各类文物6万余件。也就是说，如果一天看20件，也要8年才能看完山戎的文物。

玉皇庙墓地最大，相当于三个半足球场。当它完好地呈现在世人面前时，大家都被这种葬俗的整齐划一、绝对一致震撼了。经过规划，墓葬集中分布。纪律的严格、观念的统一，军事化色彩突出，集体主义至上，散发着强大的气场，绝不是一个散漫温和的部落。

墓地中有15块长条石块，下半截埋在土中，上半截露出，横竖排列成行，如同"小石林"。四周有20余座少年和儿童的墓和用火遗迹。有人认为这是古人举行祭祀而埋立的祭坛。

墓地的发现，证明了考古人员的假设，也反映了北京自古就是一个多民族融合的地区，是中华民族大家庭、中华民族共同体的考古实证。

1987年，一个台湾地区学生交流团来到北京。游遍了大小名胜后，想找一处既新鲜又能有不一样体验的地方，于是到了玉皇庙的考古工地。早在他们来之前，考古人员已找好了数座有随葬品的古墓。团员们下到墓坑，自然是铲铲不落空。北京考古史上第一次公众考古就这样诞生了。

2500多年前的山戎族最喜欢干3件事：喝酒、放羊、打燕国。

中国人的酒文化源远流长。琉璃河的克罍、克盉铭文中，已有贡奉清酒的记载。玉皇庙的青铜罍中发现了炭化的粟块。

→ "小石林"被认为是古人的祭坛

这种粟与现在仍在张家口地区播种的谷子接近。它们大部分是被人碾碎的，而不是自然状态下的降解，因此可以断定是酿酒的原料。罍中还有大量谷糠碎片，说明酿的是白酒。这是目前北京所见最早的酿酒原料。

墓葬中大量陪葬马、羊、牛、狗等家畜作为殉牲，男性享有殉牲的规格和数量均高于女性。古人讲究"事死如事生"，把家畜视为财富与社会身份的象征，在另一个世界也要有家畜。《史记·匈奴列传》云："唐虞以上有山戎、猃狁、荤粥，居于北蛮，随畜牧而转移。其畜之所多则马、牛、羊，其奇畜则橐驼、驴、骡、駃騠、騊駼、驒騱。"玉皇庙墓地共殉马、牛、羊、狗4类家畜2000多头。

所有殉牲中，狗是数量最多的，占总数的一半。甚至少儿和婴儿也有殉狗——而他们所殉的也只有狗。有意思的是，狗多被置于牛、羊（羊比牛多）最前沿的位置，担任前锋；或被

← 墓葬中的殉牲反映主人在
　另一个世界中也要有家畜

↑ 直刃青铜短剑是山戎人的标配

置于牛、羊左右两侧及后卫。这是让"汪星人"在另一个世界也担负起对牛、羊的安全保卫工作。

山戎族是一支战斗民族。它南临燕国,东近齐国,西接赵国,时常长驱直入燕、齐、赵的边区进行掳掠和骚扰,成为3个诸侯国的世代边患。古代文献中"山戎越燕伐齐""山戎病燕"等记载屡见不鲜。它能跨过燕国打齐国,可见多不把燕国放眼里!

燕庄公二十七年(公元前664年),山戎再次侵燕,燕国向齐国告急。齐桓公于是挥师救燕,大败山戎部族,方解除了山戎对燕国北部地区的威胁。之后,燕桓侯不得不将都城迁到河北的临易(今河北雄县)西北,燕国的权力中心逐步向南迁移,且国力日衰。

因为战斗力爆表,所以各种款式的青铜短剑是山戎人的最爱,男人几乎人手一把,而且都很花哨。例如这件蛇纹款的,剑首为圆雕双蛇共一蛇头下弯做双环式。剑去掉锈后,还非常锋利,可见当时青铜器的铸造技术已经达到很高的水平。

山戎人死后要覆面,这是他们特有的宗教观念。人死后用麻布盖脸。麻布上面钉3个铜扣,遮住死者的眼睛和鼻子(和镇江营的人面圆陶片有点类似)。虽然麻布腐朽了,但是铜扣留在人面部,不论男女皆如此。这种覆面习俗,跟燕国、中原的习俗不同。直到今天,一些地区还有在死者脸上盖黄纸的习俗,同样表达了希冀死者灵魂安息之意。

体质人类学研究表明,这些人骨都属于东亚蒙古人种华北类型,后来出现在北京的古代少数民族没有与他们能够有联系的,因此尚不能回答其种族延续的问题。

德国哲学家雅斯贝斯在其名著《历史的起源与目标》中把中国的春秋战国时代描述成"轴心时代"。"古代文化的某些因素进入轴心期,并成为新开端的组成部分,只有这些因素才得以保存下来。"

← 金虎前后腿肱头肌隆起，显得强劲有力

山戎族的文物展示出多种文化因素。

他们喜欢土豪金。重14.4克的金虎牌饰是山戎文物中的颜值担当，含金量在99％。虎头引颈探首，前后肢屈曲向前，尾部短粗垂地。

古人云"窃钩者诛，窃国者为诸侯"。似乎带钩很不起眼，但实际上带钩因为位置显著，所以制作和佩戴都十分讲究。带钩是古代皮革腰带中间用于钩连的物件，体现出北方游牧民族的装束特点。像现在的腰带"鳄鱼"牌以鳄鱼为图案一样，钩上喜欢

← 马形青铜带钩，前肢平卧，后肢蹄端点地，马尾即钩首

→ 带钩装备示意图

铸各种动物纹样，有"宾客满堂，视钩各异"的记载。既是北方骑马民族，当然会有马款的。

如果说上述文物代表了少数民族文化风格，那么铜盘则体现出来自中原的文化因素。盘两侧各有一附耳，下有圈足。口沿至腹部铸三角云纹，圈足饰垂鳞纹。

因为山戎族是游牧民族，随季节迁徙放牲口，所以在一个地方住的时间很短，以至于居住遗迹很少，至今都没有发现。

2021年的北京高考历史题目中，有一道题是"考古学对历史研究的意义"。认识历史离不开考古学。考古学延伸了历史轴线，增强了历史信度，丰富了历史内涵，活化了历史场景。有文字记载以后的历史，也需要通过考古来参考、印证、丰富、完善。山戎遗存的发现，证实了历史的记载，丰富了历史的内容，还原了古人的生活，诠释了考古学对历史研究的意义。

← 重7斤的浅腹平底中原式铜盘

五、蓟城的迷踪

公元前11世纪以前，周武王分封的黄帝后裔逐渐在北京西南定居下来，他们选择在一座山丘的东南缓坡之下落脚。这座山丘因长满蓟草而被称为蓟丘。

蓟丘东南坡缓，西北坡陡。从蓟丘向西是古永定河渡口，洪水来袭时，蓟丘的西北坡成了天然屏障，为东南坡下生活的人们阻水；东南坡下地势平坦，适宜农耕和居住。这个聚落逐渐发展成一座城后，史称蓟城。

↑ 宣武门发现的战国陶井圈，直径达130厘米。蓟城水井中陶井圈最多的有11节

古代常以"蓟丘"代表蓟城。《水经注》记："今城西北隅有蓟丘，因以名邑也。"

选择这里的另一原因是交通形势。城市是以外部联系为决定性作用的居民点。北京周围的古代大道有向南、向西北、向东北、向正东4条。它们的交会点，是城址的最佳位置。

位于交通枢纽的蓟城，随着手工业和商业的兴起，很快成为"渤碣之间"最大的都会。

蓟城最初是蓟国都城。大约从西周晚期至春秋早期，随着燕国日益强大，而蓟国式微，燕国兼并了蓟国，并把蓟城作为燕国的都城，直至公元前226年被秦国占领。《韩非子·有度篇》："燕襄王以河为境，以蓟为国。"只是战国蓟城的位置不见于文献记载，长期都是不解之谜。

白云观西侧原有高大土丘，后人常指为"蓟丘"。但1974年的考古后，确定"蓟丘"比东汉还要晚，不可能属于春秋战国时期。20世纪50年代宣武门、和平门一带发现了密集的战国水井、瓦当和夯土遗迹，说明这一地点人口稠密，也应有很多建筑，所以有人推测蓟城应在这一带。

北京迄今最早的水井是琉璃河西周的木井，此后在汉代路城又发现了大批水井。集中的水井反映了古人的规划理念和治理能力。井圈的使用，有利于保持水质清洁卫生，是古人环保意识的表现，也防止井壁的坍塌，是古人造井技术的体现。

第四章 汉唐逝影

秦统一中国后,蓟城转变为秦王朝的北方军事重镇和交通枢纽。自两汉至魏晋南北朝时期,当以中原政权为代表的中央政权力量强大时,北京成为北方的经济、贸易中心和军事重镇;反之衰弱时,成为军事割据势力的中心;中原政局混乱时,成为北方游牧民族南下的军事前哨基地。幽州仍为唐王朝北方重要的前线阵地和经济文化中心。

一、广阳王的地下宫殿

1974年,当时的北京东方红石油化工厂在丰台区大葆台村两个高大的土坡上勘测,这是"备战备荒为人民"的需要,因为这里适合埋藏深层储油罐。然而,一位爱好文物的地质人员发现,土层深处,居然埋有木头和木炭。

因为这些不同寻常的结果,考古人员接到了电话。就是这个电话,揭开了一个隐藏在历史深处的巨大秘密。

当富有经验的专家看到了现场的木炭、白膏泥和铜钱时,马上就联想到了不久前湖南长沙发现的马王堆汉墓。两年前,马王堆汉墓因为出土了世界上少见的千年女尸而闻名遐迩。白膏泥的主要成分是蒙脱石、石英、长石微粒。它在大型汉代墓葬中很常见,是理想的防渗黏土。

当时马王堆汉墓影响很大。受这一启发,有关方面也想在北京挖出个"老头"来,形成南女北男的呼应之势,所以对汉墓的发掘非常重视。

考古人员挖开两层楼高的夯土后,发现了一个奇怪的现象:整座墓室是由10厘米×10厘米×90厘米见方的木头层层垒起的,形如木墙。以往从没见过这样的古墓。

随着开挖的继续,考古人员越来越振奋。因为大家发现,这是一座规模巨大的古墓,仅墓室的面积就相当于一个篮球场,比乾隆皇帝的墓室还要大。而且墓室的木结构完全采用插木榫和搭扣技术,没有一根铁钉。

这些条木规整平直,表面打磨光滑。让人惊讶的是,它们在2000多年后还散发着清香。14000多根条木,相当于122立方米木材,木心齐刷刷地朝里码放。如果按照1棵粗壮柏树能做40根条木计算,大葆台古墓需要砍掉400棵柏树。这座古墓仅

↑ 大葆台一号墓葬的用木量，相当于一座森林

木墙一项的用材，就相当于一座森林！大约是现在北京天坛百年以上古柏的1/10。

大家面对以一座森林为代价的四面木墙，一时茫然不知何物。虽然做了种种猜测，仍然没有找到答案。

大葆台古墓发掘的消息传开了，当时正处在被打倒阵营的一位考古专家于杰听闻后非常兴奋，偷偷骑自行车来到工地，混在铁丝网外大堆看热闹的人群中观看，还戴着草帽，压低了帽檐，免得被人认出来。

回去后，他连夜伏案查阅资料。"从葆台归来，反复思索，觉得此墓结构鲜见，甚感兴趣，夜来细检王国维《观堂集林》和杨树达《汉代婚丧礼俗考》，得数则，似与此墓形制有关，抄析如左供参考。"他明确提出大葆台汉墓的"条木"即"黄肠"，"木墙"即"黄肠题凑"，还抄录了几条文献中的有关记述，记在小纸条上，偷偷塞给参加发掘的另一位同事。

"锦囊妙计"很及时。大家将考古发现与文献材料细致对

→ "黄肠题凑"每根条木的端头都向内,形如木墙

照:不管哪个方向的木墙,每根条木的端头都向内——这与文献中记载的"黄肠题凑"是一致的。但由于没有先例,大家仍心存疑问:木头究竟是不是柏木?

经过林业专家鉴定,其材料不仅为柏木,而且是"柏木的心"。大葆台汉墓的木墙为"黄肠题凑"已无可置疑了。这是"黄肠题凑"实物的首次发现,具有很高的学术价值。

有些黄肠木上面清晰的"十"字形或直墨线,说明2000年前已有画线的木工工具;有些凿有卯眼,是用过的木料再利用,

小贴士

黄肠指材料和颜色是柏木黄心。这一词见于颜师古注引苏林曰:"以柏木黄心致累棺外,故曰黄肠。木头皆内向,故曰题凑。"题凑指木头摆放的端头向内。这一词始见于《吕氏春秋·节葬篇》:"题凑之室,棺椁数袭,积石积炭,以环其外。"说明早在春秋战国时期"题凑之制"已出现。黄肠题凑指设在棺椁以外的葬木结构。这一词出自《汉书·霍光传》。霍光死后,皇帝赐他"梓宫、便房、黄肠题凑各一具"。它和梓宫、便房、外藏椁等构成了汉代帝王的专用葬制。

足见汉代木建技术的超高水平,也说明这些柏木是北京土生的,因为古人不太可能费力大老远从外地拉来旧料再改制。

大葆台两座墓东西并列。一号墓在东,墓主人为男性;二号墓在西,墓主人为女性。一号墓的规模非常宏大,从墓门往里走是前室,也叫便房,是象征帝王生前起居玩乐的地方,前面有一张宽大的黑漆朱彩的坐榻。汉代没有桌椅,人们都席地而坐,坐榻就是帝王的沙发。再向里是放置棺床的后室,用梓木(一种用梓树做成的木材)做成,所以叫梓宫。这种分别象征厅堂、卧室的前室和后室,是主人生前宅院的缩影。

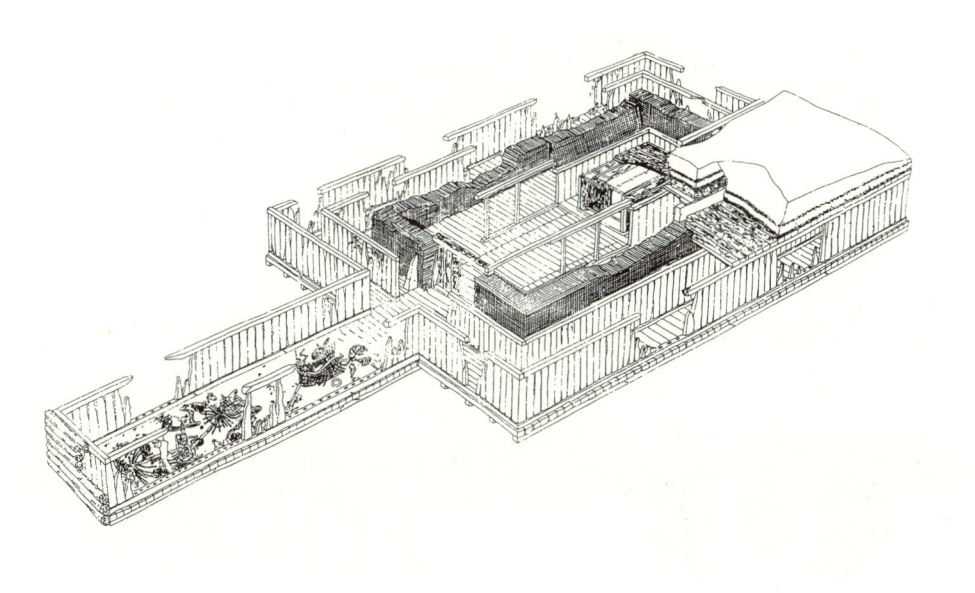

↑ 大葆台一号汉墓的结构是模仿主人生前居住格局建成的

一号墓中的铜镜,其花纹表明铜镜早于王莽时期,间接说明墓主人的年代比王莽早,也没有发现东汉墓中常见的鸡、狗、猪等动物陶俑,所以可以判断,这座墓的年代为西汉晚期。

有点像京剧张飞大花脸的东西叫镏金铜铺首。双眼突出，露出狞笑。它笑了，大家可笑不出来了：这件东西是墓门上的"衔环铺首"，它落在墓道中，墓会不会已全被盗光了？

随着发掘的深入，工作人员惊喜地发现，昔日的盗墓者并没有将古墓洗劫一空。

著名的玉舞人的眉眼鼻口是用简单明快的短阴线勾画出来的。舞容呈静止状，一手上举，一手下蜷。玉舞人佩是两汉时盛行的人像佩饰，是组玉佩中的一种。《周礼》注人舞，"以手袖为威仪"。您眼前的"她"，轻舒广袖，微折柳腰，长裙拂地，是秦汉时盛行的"翘袖折腰"舞，表现出汉代舞人"长袖"和"细腰"的特点。

"工欲善其事，必先利其器。"玉器加工的高效、精细，是因为钢铁工具的使用。汉武帝在全国49个重要的冶铁手工业地

↓ 铜铺首是墓门上的把手，鼻嘴相连镂空处露出獠牙

→ 一眼千年，身穿曳地长裙的玉舞人

↑ 铁斧上铸有凸起的"渔"字，是渔阳郡铁官作坊的标记

> **小贴士**
>
> **玉舞人**长5.12厘米、宽2.53厘米、厚0.48厘米。白玉质，以透雕镂空技法制成，双面阴刻舞人的形象。舞人头部没有明显的发式，身穿长袖的紧身短上衣与曳地长裙。上、下端各有一孔。该文物现在首都博物馆。

点设置了专管铁的"铁官"，其中之一为今北京境内的渔阳。古墓中出现了带有渔阳郡铁官作坊标记的铁斧，说明汉代盐铁官营在国家管理体系中的重要作用。这是我国目前发现的最早铸铁脱碳钢实例之一，在世界冶金技术发展史上有重要意义。

铁器的发明在人类历史上十分重要。铁农具的使用，使耕地面积扩大；可以挖渠筑堤兴修水利；提高土地单位面积产量。铁器作为武器，更有利于提高战斗力。正如恩格斯在《家庭、私有制和国家的起源》中说："铁已在为人类服务，它是在历史上起过革命作用的各种原料中最后和最重要的一种原料。所谓最后的，是指直到马铃薯的出现为止。铁使更大面积的农田耕作、开垦广阔的森林地区，成为可能；它给手工业工人提供了一种极其坚固和锐利的非石头或当时所知道的其他金属所能抵挡的工具。"

墓主人的帽子也被奇迹般保存下来了。它用丝线编结，涂有漆膜，这种所谓"漆纱帽"结实轻便、挺括可体，是后来"乌纱帽"的前身。

普通百姓一般用一层棺材殓尸埋葬，而帝王为了显示等级，棺材外面还要加椁（棺材外又包的一层）。"天子棺椁七重"，指四棺三椁是皇帝的待遇。"诸侯五重"，指三棺二椁是分封的诸侯王的待遇，大葆台汉墓便是如此。

西汉中晚期，北京属于燕国的封地。"黄肠题凑"墓制不是每个诸侯王都能享有的，只有经过"特批"才能享受如此的待遇。

墓主人到底是谁？一件不起眼的漆器提供了重要线索。一天早上，两位工作人员上厕所，无意中在一根黄肠木上看到"一块圆的东西"。由于踩来踩去，物体中间被磨掉了，一半已经翘起。清理之后，发现是一件漆盒残底，中间竖行针刻汉隶："宜官廿四年五月丙辰丞告……"这说明墓主人在位的时间至少要超过24年。

西汉燕国的燕王兼广阳王有12人，4人在位24年以上：燕康王刘嘉，26年；燕王定国，24年；燕刺王刘旦，38年；广阳顷王刘建，29年。一号墓中有大量的西汉五铢钱，而燕康王刘

 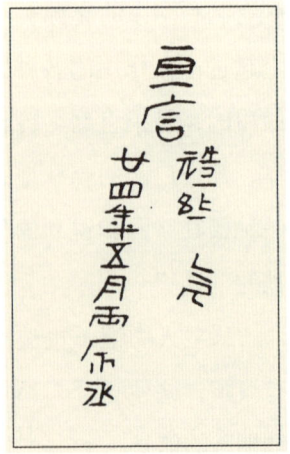

↑ 漆盒底部的字迹解开了墓主人之谜

↑ 大葆台汉墓殉葬的1、2号马车及复原图

嘉和燕王定国均死于五铢钱出现之前,可以被排除了,所以墓主人只能是燕刺王刘旦和广阳顷王刘建父子2人中的1人了。

史书记载,燕刺王刘旦曾企图谋反,阴谋败露后被汉昭帝赐死。因此,刘旦肯定没有资格享用严格规定的"梓宫、便房、黄肠题凑、外藏椁"这样西汉最高级别的葬制待遇。所以,学术界大多认为一号墓的主人非广阳顷王刘建莫属。

一号墓殉葬有3辆马车组成的小车队。这3辆车都是木质双轮单辕车,相当于现在的单排座汽车。车轮上绘有彩色的图案,车身通体刷黑漆,并装配了各种金属配件。

《后汉书·舆服上》载:"皇太子、皇子皆安车,朱班轮,青盖,金华蚤,黑(木虡)文,画幡文辀,金涂五末。皇子为王,锡以乘之，故曰王青盖车。"3辆车的样子与这段记载大体相同，可能为"王青盖车"，但它们之间的大小、外形不一样。

1号车车厢狭窄，车前放一对铁戟，车厢前部有一横扶手，中间竖立一柄长把遮阳避雨的大伞，车厢后面是敞开的，是出行仪仗的前导车。两边的车轮各有24根辐条。栏板上饰卷云纹。车轮的直径为1.4米，两轮间距2米。2号车车厢宽大，上面有华丽的平顶盖，周围有高栏杆，后面有一扇活动的车门，是墓主生前的专车。3号车是带篷的大型车，是运送墓主灵柩的丧车。

马车是古代陆路交通中最主要的工具，它带动了道路设施的投资，扩大了商贸运输和文化交流。如果说马车是当时的跑车，虽然跑得快，但不是所有人都能玩得起的话，牛车就是货车，虽然慢点，但底盘稳、负重大，各有各的用途。

→ 房山发现的魏晋时期牛车俑表明牛车也流行。牛车负重大，行走安稳，乘坐较为舒适

二、老山的"盲盒"

大葆台长期是北京大型汉墓的一面旗帜。直到25年后，老山汉墓的横空出世，方与之交相辉映。

1999年10月，石景山老山地区的民警听群众议论，老山主峰南侧出现了不少新"坟头"，影响了人们的晨练。

尽职的民警到现场后，发现这些所谓"坟头"都不是真正的坟头，而是故意伪装成坟头状的钻探的土样。于是他们找来了文物干部，结果在土样中找到了黑色的膏泥和炭灰。

经过缜密的分析，公安人员认定这是一起盗挖古墓的案件。为了取证，他们冒着危险钻到20米深的盗洞中拍摄洞中的情况。

了解到这伙盗墓贼的行踪后，公安人员并没有立即制止，而是等待抓捕的最佳时机，准备把他们一网打尽。可是从12月11日到21日，10天竟没有发现盗墓贼的身影，是不是他们已经意识到了什么？令人哭笑不得的是，事后据他们交代："那时正值澳门回归，社会治安比较严，没敢去挖。"

12月22日，嫌疑人露面了，他们哪里知道自己的行踪早已在警方的监控之下。民警们一举将盗墓团伙抓获。他们盗墓很"专业"，被抓时，盗洞已距离墓室只剩2米。幸亏及时破案，才没有让他们得逞。

从墓址选择和营造工程量看，老山和大葆台两座汉墓的级别不相上下。老山汉墓留存的随葬品，无论工艺水平还是艺术价值都达到了西汉鼎盛时期的水平。这样的墓主人，身份之显赫可想而知。

老山汉墓也采用了题凑的葬制，使用了五重棺椁。因此，墓主肯定也是分封于此的燕王。但又比真正葬制的标准要低，具体是哪一位呢？很多专家推测应是刘建他爹燕刺王刘旦。

↑ 老山汉墓由封土、墓道、墓坑和墓室组成

理由之一是北魏郦道元的《水经注》提到，燕刺王刘旦的戾陵在梁山。据专家考证，西汉的梁山就是现在的石景山。

理由之二是刘旦在位时间较长，有能力为自己修建这么大规模的墓穴。汉武帝期间是西汉空前强盛的时期，武帝册封刘旦为燕刺王时对他寄予了北御匈奴、屏藩汉室的厚望。刘旦是汉武帝第三个儿子。两位兄长死后，他要求立自己为太子招致武帝不满。武帝驾崩后，昭帝继位，刘旦多次谋反被昭帝发觉，昭帝念刘旦是存世的长兄，赐书一封，劝其自裁。《汉书·武五子传·燕刺王刘旦传》中，有一段颇为悲凉凄惨的记述，载刘旦在左将军上官桀已伏诛、反情败露后，与丞相平商议是否发兵起事，"平曰：'左将军已死，百姓皆知之，不可发也。'王忧懑，置酒万载宫，会宾客群臣妃妾坐饮。王自歌曰：'归空城兮狗不吠，鸡不鸣；横术何广广兮，固知国中之无人！'华容夫人（刘旦之妻封号）起舞曰：'发纷纷兮置渠，骨籍籍兮亡居。母求死子兮，妻求死夫。徘徊两渠间兮，君子独安居！'坐者皆泣"。歌中两渠指的就是今天古墓南面的永定河和北面的高粱河，独安居指刘旦死后安居厌陵。

但也有人推测墓主人是一位燕王的夫人。这使得大家对墓主人的身份更加好奇。

老山汉墓在北京考古史和传媒史上有着特殊的地位。因为它是国内首次由中央电视台进行直播的考古发掘。

120余名公安警卫人员重重封锁，有次考古领队忘带证件也被拒之门外，越发透露出一股神秘色彩。同时，现场还头一次打出了一家赞助商的广告横幅，也算是一道新鲜的风景线。

2000年8月20日，早上9时30分，主持人引领电视镜头进入老山汉墓，央视历史上第一次大规模面向考古发掘的直播节目——《老山汉墓探秘》就此诞生了。一时间，汉墓上方，不同方位预设的6架摄像机一起对准墓室，而在墓室中手拿小铲和毛刷小心翼翼工作的十几名考古人员则第一次走进了亿万电视观众的视野。

直播的影响是巨大的。因为这次直播，很多人将考古视为正经工作，而不是有些人说的"考古考古，就是挖土"。墓主人估计做梦也想不到，2000年后许多围观的热血青年因为看了直播而报考了考古专业，投身考古事业。

古墓前室的西南角发现一具完整的人体骨架，鉴定为30岁左右的女性，最后确定为此间墓主人。经过计算机虚拟三维头像还原，一位古代知性美女的形象出现了。

骨架下方有一条长2米、宽1米多的大型漆案。由于气候和文化习惯的差异，漆器在南方常见，而北京不多。它的底色是黑的，上面用红色绘《山海经》中的神物灵怪。云兴霞蔚，线条流畅。

内棺上发现一件棺罩，原本是盖在内棺上的。当墓顶坍塌后外椁压住了内棺，正好形成了一个密闭的环境，它才得以保

↑ 通过现代技术，复原了千年前的容颜

老山汉墓发掘的一个不容忽视的意义是带动起一股考古热：从中央电视台到各省级电视台，从四川广汉三星堆到杭州雷峰塔地宫，从广东阳江"南海一号"水下沉船到陕西西安张安世家族大墓，从北京刘济墓到江西海昏侯墓。纪录类节目从《探索·发现》到《考古进行时》再到《发掘记》，综艺类节目从《考古公开课》到《中国考古大会》，从多媒体到新媒体再到自媒体，从南到北，从陆地到水下。

"考古热"是有时代背景的，反映了社会大众对考古有接近的渴望和参与的诉求，考古学应负的社会责任比重增大，应将其作为一种文化现象对待。

但考古是一个漫长且复杂的过程，发掘出的文物都需要一定的时间去破解，其中的未知和难料也是无法避免的，正如老山汉墓没有挖到大量的"宝物"一样。因此，不要以出土文物的数量来衡量考古发掘的价值，而应该将注意力集中到对于历史时期文化信息的探索和对学术研究的尊重上，回归到考古学复原人类历史的终途。

考古考古，不是挖土。

三、唤醒千年的古城

城市副中心的建设是北京的一件大事。施工动土，埋藏在地下的古代文物岂能不摸清楚？这就引发了一座古代城池的横空出世——西汉路城。

这座距今已有2000多年的古代城市位于副中心行政办公区的西北部，又一度被人们称为古城、土城。它是如何被发现的？有哪些重要发现？又是如何被保护的？

配合副中心建设的考古工作始自2016年2月，短短半年时间，就在通州区潞城镇挖出了千余座从战国到清代的古墓，占了当年北京全市发掘古墓的一半。其中4/5都是两汉时期的。

这么多古墓绝非偶然。它暗示着这个时期人口繁荣，而人肯定需要固定的住所。根据中国古代城市与墓葬的分布规律，逝者一般埋葬在他们生前居住城市的周边。展开墓葬位置的总图，考古人员发现，这些墓葬大致成环形分布，皆围绕中心位置的古城村。

古城村，细心的读者或许从这个名字上就能察觉到它的不同寻常：北京几处名为古城村的地点，都是因为旁边有古代城址，如石景山区的古城、顺义和延庆的古城村等。通州的古城村会不会也与某座古代城址有关？潞城镇的"潞城"又暗指何城？

通州自西汉伊始就设有县城——路县县城，东汉之后，路县改名为潞县。这在《汉书》《后汉书》《水经注》等史料中都记得很清楚。清乾隆年间，通州本地的举人刘锡信曾对潞城进行实地调查并撰写了《潞县故城考》。根据他的记述，当时潞城的东、西、北三面城墙都还在，南墙因接近当时的官道已被夷为平地，残存的城垣高5尺。《日下旧闻考》卷一百八《京畿·通州》一引《通州志》："古城在城东八里甘棠乡，周围四里。相

> **小贴士**
>
> 考古发掘有三种类型。为了科学研究而开展的发掘是主动性发掘，如明定陵；为了配合工程建设开展的发掘是配合性发掘，如副中心、刘济墓等；在施工中发现文物而开展的发掘为抢救性发掘，如刘家河商墓等。

传为前朝驻兵处,今观遗迹实乃邑墟,或曰即潞县。"下有按语:"古城遗址今尚存,地名古城庄。"

这些记载都说明,古城村如果有古城,应溯源至汉代路县。但岁月侵蚀,地表上的城墙早就灰飞烟灭,不知所踪了。到底有没有?有的话具体位置在哪儿?形状与规模什么样?这就需要考古手段大显身手了。

某领导借势"吓唬"现场的考古队员:"如果找不到古城,就不要回来了!"现场负责人吓坏了,趁着领导外出的几天,发动靠谱的探工拼命探,对他们说:"大哥,如果你们找不到城,我就失业了!找到城我的工作就保住了!我的身家就掌握在你们的铲子上!"

这里所说的铲子,就是考古勘探所用的洛阳铲。这种半圆形的工具,由铲头和铲杆组成。利用垂直向下的作用力,切割地下的土样并提取上来。钻探者通过观察土样了解地下土层的情况。

洛阳铲的发明充满了传奇色彩。相传1923年,洛阳马坡村人李鸭子在赶会(洛阳当地的一种群众活动,相当于北方的庙

小贴士

洛阳铲的产生初衷,与盗墓活动有着密切的联系。但其低廉的成本、简单的操作,很快就引起了考古学家的注意。最早介绍洛阳铲的是著名考古学家卫聚贤。1928年,他在洛阳目睹了盗墓者使用洛阳铲的情况,将其写入了代表作《中国考古学史》一书。洛阳铲还被视为中国考古的象征工具,走出国门。20世纪70年代,中国考古代表团访问阿尔巴尼亚时,赠送对方的礼品就是一把制作精致的洛阳铲。除考古钻探外,洛阳铲还被运用到建筑、地质等行业。据说洛阳的一个探工,曾经用洛阳铲为宜洛煤矿成功打出超过百米的探孔。如今,熟练使用洛阳铲并甄别不同的文化层,就像认陶片一样,已成为对考古工作者的基本要求。

↑ 副中心的考古勘探，工人相距1米，确保地下文物不漏探

会）途中，在一家水煎包子铺驻足欲餐。当时包子铺正在搭棚子，用一把筒瓦状的铁铲子，在地上挖坑插棚杆。那铲子往地上用力一戳，提起时就带出不少土来，效率还挺高。李鸭子受到启发，包子也不吃了，赶忙回家琢磨设计、绘图、试验样式，发明了"洛阳铲"这一至今仍在发挥重大作用的中国特色工具。

通过"地毯式"勘探，终于在古城村的周边发现了深埋于地下的汉代城墙。王国维提出的文献记述与考古发现相结合的"二重证据法"在这里又得到了证实。

城墙的发现解释了什么叫功夫不负有心人。找城墙的时候，东、西、南三面都找到了，但北墙和城的西南角一时半会没找到，这意味着还不能形成一座闭合的城。大家都有些着急，只能去可能是北墙的地方反复探寻。这时一位当地老乡嘱咐："你们的杆子（探铲）向下戳时小心些，别把俺种的树探坏了，这么多树都没有赔过钱！"考古队员问："这些树是啥时候种的？"老乡回答："刚种的，但一直长得不好。"说者无心，听者有意。

大家一听，这话有门。因为经常翻动的土才适合植物生长，他说长不好，肯定是不常翻的。不常翻的原因可能就是以前这里就有东西，没法翻。于是就重点在他家的树林里探，果然，在这里探到了北城墙的夯土。由于地表上的城墙一直到1959年的文物普查时还有，地下的墙基不可能被翻动，所以这片树林下的土被翻动只可能是最近的事。后人翻动少且短，树当然长不好了！

西南城角的发现则有些柳暗花明。苦于一直找不到，考古人员私下嘀咕："估计是找不到了。"2016年7月11日，应当被记入史册。考古人员10点多到了工地，远远地就看见几名工人拿着树枝跑来跑去，一名考古人员说："不会是他们找到了吧。"因为有些老探工有用树枝临时做标记的习惯。一问，还真是西南城角找到了。

至此，城的四边和四角均已找到，整座城的形状和范围确定，路城的追寻大功告成。当初吓唬人的领导闻讯后大喜，一

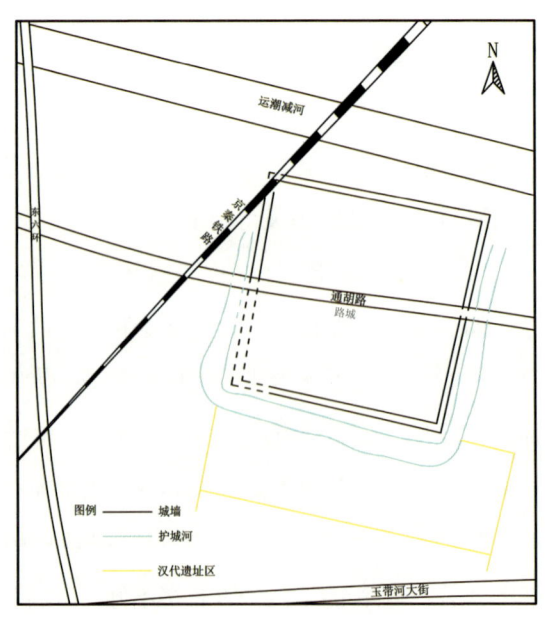

→ 路城四面城墙的长度在555~606米之间

向很少发微信的他专门在朋友圈中评论兼点赞:"向追寻历史、发现历史、创造历史的人致敬!"很多人不明白,问他是什么意思。他嘿嘿一笑:"不告诉你们!"

西汉人怎么修路城?

第一步:选位置。建城不像北埝头人盖房子那样简单。先要在秦时的蓟(今广安门一带)襄(今辽宁辽阳)驰道的南侧取得"规划条件"和"选址意见书"。这里既避开沽水(今北运河)又能搭上高速公路,而且因为没人居住,不用拆迁,拿地成本很低,没有更合适的了。

第二步:筑城墙。拿到"建设施工许可证"后,可以大干了。筑城的方法和琉璃河燕人一样,采用版筑法施工。比燕人进步的是路城人会在夯土里混上一些植物的秆茎,它的作用相当于混凝土中的钢筋,能使夯土更坚固。最后建出来的城的平面呈方形,面积相当于故宫的一半。

第三步:挖城壕。为了防御、泄洪和蓄水,还要在城墙外

↓ 南城墙的夯土,夯土层每层厚0.1~0.2米

→ 夯土内夹杂有植物秆茎,类似于现在混凝土中的钢筋,起加固作用

25米处挖一道约30米宽的城壕。整座城的主体结构方算大功告成。

当然城虽然立起来了，但城内还有好多活儿要干，这是"街区控规"要考虑的。先给城开了东西南北四座大门，在城内铺了东西和南北两条主干道，如同象限中的X轴和Y轴，连接了四城门，把城分成四小块。每个小块分别建各自的路网、水系、房屋、衙署、仓储等功能设施。

古代的城和现在的城差不多，城外是郊区，分布着农田、农村、陶窑场、炼铁区等"工业园区"，再外面是墓葬区，之前挖到的大量古墓就位于墓葬区。

水井是人类定居生活的原因和产物。路城人建造了大量且式样各异的水井，有土井、砖井、瓦井、木井、陶井。有的井底还有当时打水的陶罐（汲水罐）或木桶。井边和房址内有一

→ 城内明清、辽金、汉代三个时期的道路像三明治一样叠压，表明城一直在使用

↓ 山云纹和云纹半瓦当是大型建筑的装饰性建材

↑ 路城的水井，上部井壁为方形。"井"字两横两竖即来自其象形

→ 铁棘轮的使用节省了打水人的体力

种体量很大的灰陶瓮，出土时摆放稳妥，是存水的器具。比蓟城古井进步的是路城古井内常见铁棘轮和铁承，说明井上已经安设半机械的打水设备了，既节省了人力，也提高了水井的利用效率。

当时已经种植五谷并豢养六畜了。植物考古鉴定出了麻、大豆、小麦、稻米、粟、黍、红豆7种农作物，这是北京首次发现7种粮食同时存在。无肉不欢。肉食也是"路县人"的食物之一。动物考古鉴定出了猪、马、牛、羊、狗、鸡，可谓"六畜俱全"。牛均是黄牛，羊有绵羊和山羊。还发现了兔、鹿及蚌、螺，说明当时人们肉食来源的多样性。

城外的房址都是普通人住的，和北埝头的房址相比区别不大，也是半地穴式，平面长方形。有一居室，也有两居室和三居室，面积小者不足10平方米，大者约30平方米。房址有门、台阶，屋内有柱洞和灶。室内地面经过人工处理后较为平整。

农业是汉代的立国之本。路城人用了数量较多的铁制农耕器具，有犁铧、耙、锄、䦆、锸、镰等，可以满足翻耕、整地、收获等各个环节的需求，是铁制农具普及、牛耕技术推广、精耕细作发展的重要证据，也证明了《盐铁论》中"农，天下之大业也；铁器，民之大用也"的记载。石制的磨与臼用于农业加工，使食品精细化和多样化。还发现了用来捕鱼的铜钩、陶网坠和用于射猎的铜、铁镞，说明渔猎也是"路县人"获取食物的方式之一，证实了《后汉书》中"夫渔猎之利，为田除害，有助谷食"的记载。

路城出土了大量陶制纺轮，有算珠状、圆饼状、圆柱状等形状。汉代民间"妇人同巷相从夜绩"的主要工具就与这些纺轮密切相关。

铁制的斧、锛、凿、铲、锥等用于树木砍伐与加工木材。路城发现的百余口汉代水井底部都以木构框架为基础，与这些铁器的使用有着直接联系。

用于称重的衡器——铁权，重230~240克，考虑到锈蚀和破损的因素，正合汉制的一斤二两。

梳妆打扮在路城人的日常生活中也很重要。梳理头发用骨篦，整理容妆用铜镜。圆形的铜镜，背面中心有半球形或扁圆

↑ 石臼用于加工粮食，使之精细化

→ 铁权合汉制的一斤二两

↑ 帛料。俗话说"三分做,七分烫"。此为唐代名画《捣练图》中展示的熨烫过程

形纽,周围装饰花草、卷云、四神等。熨烫布匹、衣物等纺织品用铜熨斗,手握直柄,斗呈平底盆状。使用时斗内置炭火,余温用来熨烫。这种铜熨斗,在汉代后变化也不大。唐代画家张萱的《捣练图》中有一名女子在熨烫帛料,展示了当时使用熨斗的情景。

雕刻精美的盘龙砚、简洁朴素的板砚、研石、铁削刀等，均是当时文具中的代表。一套骨制算筹，周身打磨光滑。其中完整的一根长13.9厘米，正合汉制的6寸，与《汉书·律历志》中记载竹制算筹的大小相吻合。这种算筹，是我国珠算出现之前最为重要的算具。汉高祖刘邦评价名臣张良时所说"夫运筹帷幄之中"的"筹"就是这东西。

汉代佩剑之风盛行，上自天子下到庶人，都可以佩剑。佩剑中最为豪华高贵、彰显身份的玉具剑的装饰之一——玉璏（zhì），在路城的水井内发现了。玉璏镶嵌于剑鞘上，供穿带佩系之用，俗称文带。

没有哪座城市是纯粹的消费性城市，古今皆如此。在城外南部发现了炼铁的手工业作坊，证明这座城也有生产职能。

墓葬区埋葬的都是中小型墓葬，这与路县作为县级城市的级别相符合。因此，在时空关系和文化联系上，该城址与周围

↑ 拥有算筹的墓主人生前可能是会计或土地丈量官

→ 北京首次发现的玉璏

墓葬关系密切，互为支撑。

2017年北京高考历史试卷中，有这样一道题：

……在北京市通州区发掘出汉代渔阳郡路县城址和800余座战国至汉代墓葬。出土了钱币及大量陶屋、陶仓等随葬品。这些考古发现，有助于研究（　　）。

①秦汉时期郡县的设置状况

②本区域古代农业发展状况

③汉代手工业和商业发展情况

④大运河对本区域交通的影响

A.①②③　　　B.①②④

C.②③④　　　D.①③④

您可以试答一下。答案应是A，即①②③。

路城在西汉是什么规模？这要从当时的行政管理体制说起。西汉初期，除了分封制，还实行郡县制管理。"盖秦汉间为天地一大变局"，就政治统治空间形态的"变"而言，主要表现在郡县制政体和区划的形成与发展。西汉初年新建的路县，就是这种"变"的产物。路城的形制和大小是黄河中下游地区汉代县城标准的例子。作为"凝固的历史"，它代表了汉帝国中央集权封建政体中幽蓟地区的基层社会的主要架构、管理机制和组织形式。

为什么要修这座城？秦汉时期，北京是防御以匈奴为代表的强大北方游牧民族的重要地区，也是汉王朝与东北亚地区交流的前沿基地，经略该地区对于巩固秦汉帝国的国家安全有着举足轻重的作用。因此，路县就像是北京与周边地区在文化、交通、经济、军事上的联系纽带。它的发现是北京作为早期中国北方地区政治中心、军事中心和交通中心的重要物证之一。

摊开地图会发现，路城西距天安门28公里，横穿路城的通胡路正是长安街的东延长线。所以不难想象城址为何选在这里：有东西向交通要道的区位优势和华北与东北之间的地缘局势。路县、通州，路路通达，古今一脉。而这条交通大动脉也从2000年前的古道演变为如今的北京长安街。

我国古代大到定都建城，小到盖房筑墓，择地为首。占据地利，上应天时，中聚人和。路城西望蓟城，为广阳之门户；北守渔阳，为定百战之城池；东控碣石，为陆海相通之孔道。这里是汉帝国在其北部退敌守边并拓展疆土的重要据点，形胜之地彰显。

城的意义何在？路县故城是迄今通州区发现的最早古城，两汉时期作为县治的治所，并曾一度为渔阳郡的郡治；唐代以后，潞县治所西迁，后来演变、发展为明清时期的通州城；现在城市副中心又坐落于此，与古人选址不谋而合，也符合北京城从西向东不断发展的趋势。

秦汉时期北京地区有城21座，平均到今天的北京16个区，大部分区都有城。而今，可觅踪迹者不过七八处，路城是通州区仅有的一座。更为难得的是，和其他汉代城址都先后被废弃的情况不同，路城城池并未随着县治的变迁而废弃，而是从建成之始一直沿用至今。

"潞县"一词大量见于通州出土的墓志。通州迄今至少发现唐代墓志8方，提及"潞城"的就有7方，记载了"甄升乡""招义乡""潞城乡""高义乡"等唐代潞县乡名。特别是在南距路城南城墙860米的辛安屯村，发掘出唐开成二年（837年）的潞县"副县长"（县丞）艾演的墓，其墓志记载"葬于古潞城南一里平原"。艾演墓志的记载，是唐代潞县城址的有力佐证，也表明唐人尚用东汉的"潞城"之名。艾演本人治理潞城多年，死后又千年与潞城相伴，称得上是"土生土长"的好干部。

汉代城市考古以往多集中在都城大邑，而地方郡县治所等一般性城市的考古较少。汉代全国约有县城1500座，仅40%被考古发现了。路城的发现填补了北方县级城市考古的空白。

路县约在汉高祖十二年（公元前195年）设立，所以筑城当约略同时。因是燕国通往辽东的第一个县，取"蓟城东首要驿路"为名，称路县。

王莽改制后，改路县为通路亭，属通路郡（故渔阳郡）。东汉建立后，恢复西汉旧称，但改路为潞，始称潞县。当时渔阳郡下辖9县，潞县是其中之一。

《后汉书》记载的东汉设置的广阳郡、渔阳郡、上谷郡、涿郡共29县中，只有路（潞）县、平谷、昌平、良乡，成为具有2000年历史的县名，至今不变。

东汉光武帝刘秀起事时，曾得到一个叫彭宠的人相助。然而刘秀登基后，彭宠却并没被宠，只被封了渔阳太守。费了半天劲才当个局级干部怎肯甘心？于是他一气之下，率军造反，攻下大片土地，并自立为燕王，把渔阳郡和潞县都设在潞城中。刘秀也不是省油的灯，便遣游击将军邓隆伐之，最终双方在潞县激战，僵持不下。此时的县城四面环水，易守难攻。就在彭宠得意扬扬之际，仆人却乘他午睡时将他杀死，持其首级投奔了刘秀。第二天，他的部下见主帅惨死，军队随即土崩瓦解，潞县城池的荣光也戛然而止。

至唐代，治所已迁，此地空余古潞城。

《元史》载，"通州，唐为潞县，金改通州，取漕运通济之意"。通州城关出土的金代五品宣威将军石宗壁的墓，葬于"通州潞县台头村"。墓志中明确出现了"通州"一名，证实了《元史》中的记载。

路县故城与北京城市副中心，相差2000年的忘年交牵手共融。

四、1600岁的波斯玻璃碗

三国两晋南北朝,是中国历史上政权更迭最频繁的时期。国家在分裂与统一中游荡,民族在迁徙与融合中辗转。儒家的发展,玄学的兴起,佛教的传入,道教的勃兴及波斯、希腊文化的输入使得文化的发展极具多元性。

20世纪60年代在石景山发现的一座古墓展示了西晋时期北京的中西方文化交流互鉴。古伊朗王朝萨珊是雄极一时的波斯帝国,与东方的中国双雄并肩。墓中出现了来自萨珊的钠钙玻璃碗。

西晋的乐队什么样?看看这件镶宝石的掐丝胡伎银铃。这些以纤细的银丝勾画的人物形象,面部上的高鼻特意为之,表明来自西域。

魏晋南北朝时期,龟兹乐舞通过丝绸之路传入中原,盛极一时。"西方音乐"的概念早就产生了。《旧唐书·音乐志》载:"陈梁旧乐,杂用吴楚之音;周齐旧乐,多涉胡戎之伎。"这件银铃是当时音乐会和中西文化交流的实证。

这样多的好东西,它们的主人自然不一般。墓中自带了一封介绍信——西晋永嘉元年(307年)墓主人华芳的墓志。志文

> **小贴士**
>
> 墓志是放在墓里的刻有死者生平事迹的石刻。早期墓志形状似碑,后为方形,分上下两层,上层称为"盖",下层称为"底",盖上刻有标题,底部刻有墓志。墓志有专门的文体和固定的形式,主要记述死者姓名、生卒年和事迹。简单地说,墓志就是专门写给后人的死者表扬信。目前最早的墓志是陕西临潼的秦代瓦文墓志,随后发展于魏晋,完善于北魏,兴盛于唐,延续至明清。

↑ 淡绿色的玻璃碗碗壁极薄，是北京发现年代最早的玻璃器。圜底碗也是萨珊玻璃器中最具特色的一类

→ 银铃上8名乐人全神贯注正在演奏。8人的分工是：两人捧排箫、两人击鼓、两人吹箫、两人吹横笛

完好无泐损，长达1600余言，可谓最早的鸿篇巨制。

华芳何许人也？她是西晋北京的"第一夫人"。其夫王浚为幽州刺史，他在晋武帝死后的"八王之乱"期间和十六国时期都有很大影响，曾借助鲜卑、乌丸骑兵来巩固自己的地位，甚至设祭坛、立太子、备百官，意图称雄。王浚因常驻北方疆土，故与北方边族之间交往频繁，所以他妻子墓中有伊朗高原的玻璃器不足为奇。

清叶昌炽《语石》卷一谓："汉魏墓志世所未见，有之也自晋为始，然传世者只有刘韬、房旋、荀岳、石尠诸志，但其记载简略，非如后来之铺叙行实者可比。"遂言"谓晋无墓志可也"。华芳的墓志使叶氏之言被否定了，不仅有志有铭，且形式体例均有突出之处，其文体开后世之先河。其书法隶古，绝无楷意，对研究西晋时期的书法艺术亦具有相当的价值。志中对家庭世系、戚里的介绍娓娓不绝，为了解西晋官制提供了重要依据，晋人崇尚门阀风气之盛从中可略见一斑。

志文称华芳"假葬于燕国蓟城西二十里"。当时的20里相当于现在多远？蓟城又在什么位置？

解铃还须系铃人。墓中有一把解铃的骨尺。骨尺长24.2厘米。晋代10尺为1丈，合今2.42米，180丈为1里，合今435.6米，因此晋代20里就是今8712米。由华芳墓现在的地点向东推8712米，就知道西晋蓟城的西城墙在今天海淀区会城门附近。

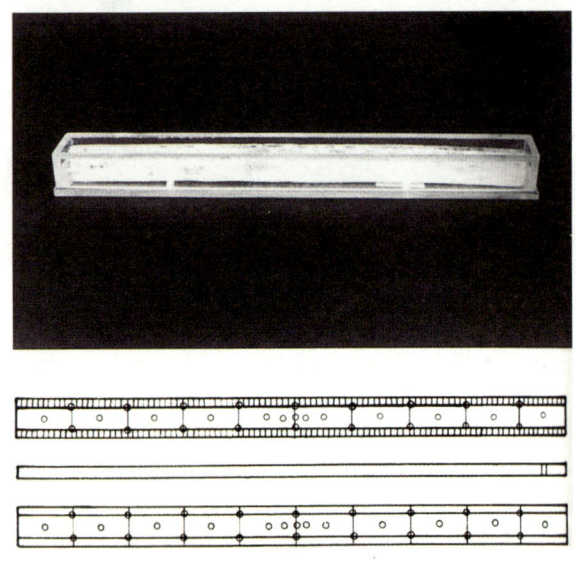

↑ 小尺子解决了大问题，是研究我国尺度变化的珍贵实物

到了十六国和北朝时期，鲜卑族慕容部建立的前燕，于352~357年建都蓟城。没错，《天龙八部》中，慕容复的祖先曾在北京当过皇上。这是北方少数民族政权第一次在蓟城建都，时间虽短，却是北京历史发展过程的特殊一页，对于北京后来政治地位的提升有着长远的影响。北京发现的一批鲜卑风格的古墓正是这个时候留下的。

五、劫后余生的古佛

2021年春晚上亮相的天龙山石窟流失佛首回归祖国，一时刷屏，圈粉无数。北京也有一尊失而复得的千年佛像。

2000余年来，自印度传入的佛教文化与其他文化不断融合，成为中国文化的重要组成部分。首都博物馆4层的古代佛像艺术精品展厅，观众会在显要的位置看到一尊高大的石佛造像。它雕造于北魏太和二十三年（499年），距今已有1500余年。

石像的主佛是一尊释迦牟尼佛。他躯体健壮，气势雄阔，法相庄严，神态恬静，袈裟飘洒，跣足站立，头部高昂，身着袒右肩袈裟和僧裙。这尊1层楼高的石像由一整块花岗岩镌刻而成。佛像身后为舟形大背光，背光上分层刻有忍冬纹、火焰纹和31尊歌舞伎。

↑ 北魏石佛造像是北京现存年代最久、最大的佛教石像

小贴士

背光是佛像背后的光圈式装饰图案，背光包括头光和身光，外形以圆形为主，纹饰有火焰纹、莲花纹等，表示佛光普射四方。

佛像上涂了红、绿色的天然颜料，虽历经千年，仍色彩如故，实令人惊叹。这尊造像是一个叫阎惠端的人为皇帝及太皇太后制作的。

太和是北魏孝文帝拓跋宏（又名元宏）的年号。孝文帝是杰出的少数民族政治家，他将都城从大同迁到洛阳，对民族的融合和发展起到了积极作用。而这尊佛像的主人是孝文帝的祖母、被尊为太皇太后的冯太后。也正因此，更显出这尊佛像的珍贵。

冯太后出身于北燕皇族，有人说，她是对中华文明贡献最大的女人，甚至称之为"千古第一后"。她曾两度临朝听政，以个人智慧实现了两代皇帝的顺利交接，是当时的实际统治者。她指导献文帝拓跋弘和孝文帝拓跋宏，进行大量体制和机制方面的改革，使北魏的国力达到鼎盛。这一系列改革，史称"太和改制"。

← 佛像头部环绕着12尊小坐佛

↑ 背光上的歌舞伎，所持乐器来自西域

冯太后在政治上无疑是个铁娘子，但在日常琐事上却是仁慈和善。有一次，她身体不舒服，服用庵闾子（一种中草药），主事的医生却稀里糊涂地端上一碗米粥。更闹心的是，他竟然没有发现粥中有一只数寸长的蝘蜓（类似壁虎的爬行动物，俗称石龙子）。冯太后正待张嘴吃时，用汤匙轻轻一搅挑了出来。一旁服侍的孝文帝见状大怒，狠狠地将医生大骂了一通，并准备处以严刑。冯太后却笑着摆摆手，把早已吓得体若筛糠的医生放了。孝文帝对此感触很深，很多年后，也没有忘记。

冯太后的夫君文成帝重佛，大同云冈石窟就是他令高僧大举开凿的。后来继位的献文帝和孝文帝也延续崇佛政策，建造了蜚声中外的少林寺和龙门石窟。石佛建造的孝文帝期间，正是希腊艺术和印度佛教文化混合而成的犍陀罗石刻艺术传入中国的高潮期。云冈石窟和龙门石窟是融合了东西方艺术之精华

第四章 汉唐遗影 | 115

→ 背光背面上面是12排小佛像，下面是造像题记和捐资人名

的代表作，而石佛的艺术成就，也堪与云冈和龙门石窟的造像相媲美。

石佛是何时发现的？相传清光绪年间，一个叫张云翼的人，在北京城里永定门一带发现了它。因为太珍贵了，光绪皇帝命人把它运往西山车耳营村供奉。当时石佛两翼还装饰有翅膀，被工人们在抬运过程中碰掉了，只留下四个长方形的穴槽。

之所以选中车耳营，是因为那里是妙峰山的古香道。妙峰山庙会在明清及民国时期，是京城最盛的庙会之一。因此，车耳营自古人文气息厚重，佛道寺观林立，碑碣石刻遍布。

光绪帝不仅给石佛找好了地方安顿，还钦点了一户原本住在城内的人家也搬到车耳营去义务看护。这一看，就是100多年。

1957年10月28日，石佛与故宫、颐和园等36处文物古迹一起被北京市人民政府公布为北京市第一批市级文物保护单位。可就是这著名的"魏太和造像",竟然还发生过一次名震京城的盗窃案。

1996年,车耳营村被纳入海淀区凤凰岭自然风景区后,石佛也成了景区内著名的人文景观。守佛人后人至此已是第四代。这家人出资为石佛建了一座亭子。偶有人来拜佛,不是文物部门的,就是去妙峰山进香的善男信女,很少有人知道小山村里还藏着一件顶级文物。然而他们未曾想到,灾难已悄然降临。

电视台为了宣传当地旅游,播了一期介绍石佛的电视节目。村子附近有很多采石场,一群农民在这里打工。其中一位看过电视节目后,兴奋得睡不着觉,第二天就偷偷跑到现场踩点。因为心里有鬼,瞪着一双贼眼把石佛上上下下看了个遍,唯独不敢看石佛的眼睛。回去后,他伙同几个老乡,对这尊几乎是不设防的国宝下手了。

他们从河北租了一辆客货两用车,带着撬棍、木质手推车等工具星夜开往北京。夜里2点多时,他们将车停在村口,一人守车,其他人悄悄来到石佛前。

一吨多的石佛刚被撬出须弥座,因为没有扶稳,就"轰"地倒下摔成5块。这声巨响,引得狗吠声四起。几人吓得魂飞魄散,急忙丢下撬棍,将佛像碎块用手推车拉到村外装上汽车,发疯似的往河北逃跑。佛像就这样被肢解出京,被盗时恰好差一年满1500岁。

跑到河北后,他们又狡诈地将佛像碎块倒在一辆拖拉机上,上面盖满沙子,最终拉到村中,埋入一名犯罪分子家的后院。就在他们几个以为万事大吉,开始做发财美梦时,法网已经悄悄张开。

第二天一早,守佛人的妻子像往常一样,起床后的第一件事就是前去打扫自家屋后20多米远的石亭。当她来到石亭时,发现门被打开，里面的石佛也不见了踪影，亭子里只剩下了莲花石座，顿时惊得瘫倒在地，然后丢下笤帚和簸箕就往回跑，赶紧和丈夫一起报警。

这起案件轰动京城，被列为当年北京市公安局头号专案。领导批示尽最大努力破案，追回石像！侦查人员走访数千人，调查了近百名可疑人员和几百辆车，最后将怀疑重点锁定在了河北某县。为防止石佛流失海外，天津、大连、秦皇岛等港口都加大了海关检查力度。

同时，警方立刻赶赴当地，大造声势，使其不敢轻易出手。警察们扮成买石像的商人，在当地的交易市场寻找佛像的蛛丝马迹，并深入古玩商人中了解情况。马上，当地从事石雕生意的人都知道，北京警方来人要找大佛。

3个月的震慑后，警方认为，可以引蛇出洞了。他们大造舆论：北京来找佛的人耗不起时间了，已经走了。实际上，他们的工作由明转暗。终于，得到有人要以10万元的价格出手一尊破碎的石佛像的线索后，警方将犯罪分子一举抓获，同时起获了佛像。

当天，警方就带着佛像胜利返京。首都博物馆新馆开馆后，被评定为国家一级文物的北魏石佛得以与观众见面。

小贴士

石窟寺是开凿在山崖上的宗教场所。人们熟知的莫高窟、云冈石窟、龙门石窟、乐山大佛、大足石刻等都是石窟寺。石窟寺起源于3世纪的印度，随着佛教传播，通过丝绸之路传入中国。**摩崖造像**是人工雕琢的单个或群组以石刻为主的宗教造像，或直接在崖面上开凿或露天安放。**石窟寺考古**简单地说便是用考古学的方法研究石窟寺。复杂地说是通过各个洞窟开凿年代的早晚判断、佛像演变和石窟组合关系来探讨研究石窟寺的考古学分支。

→ 北魏石佛左侧胁侍菩萨（左）和右侧胁侍菩萨（右）

因为石佛的两侧各有一尊合掌恭立的胁侍菩萨，所以石像被重新定名为：释迦牟尼佛与二胁侍菩萨石雕像。伤痕被专家修复后的北魏石佛，愈加沧桑厚重，仿佛以自身的经历在祷告平安、幸福、美满。

"魏太和造像"是北京石窟寺和摩崖造像考古的重要内容。

石窟寺和摩崖造像是什么？石窟寺考古怎么考？

北京的石窟寺和摩崖造像有60余处，以后者为主，分布在11个区，集中在西部和北部山区。自隋代开凿，以辽金之后为主，反映出自金代北京逐渐成为全国政治、经济、文化中心的历史过程。供奉的有佛、儒、道教及少数民族宗教的神像，展现了北京文化多元的特点。

石窟寺和摩崖造像大多在人迹罕至之处。找到它们，"上天"和"下海"的本事都需要。房山的孔水洞是一座喀斯特自然洞,洞中有泉。北魏期间有佛教徒入洞探险,进洞五六日才出来,可见其深。当年考古人员乘一叶扁舟进洞。洞口有两个佛龛,龛内的石雕佛像,面目浑圆,颈部稍长,是典型的隋代风格。海淀凤凰岭深处的"五十三磴",顶部是修建于辽金的修仙洞。几乎笔直的崖壁仅凿出数尺宽的台阶,只能拽着铁链攀爬上去。

它们都是展现当时宗教文化的实物。

↓ 孔水洞是一座天然溶洞,在《水经注》中已有记载。满洞的钟乳石洁白如玉,置身其间如同进入白玉宫殿

→ 海淀凤凰岭的天梯修仙洞,石阶陡峭凌厉

六、封疆大吏的恩怨情仇

一眨眼到了唐代。唐代的节度使虽说效命于大唐,但在当地就是土皇帝,完全掌控着他那一亩三分地的人、财、军权。晚唐之后,他们势力日增,逐渐形成了藩镇割据的局面。幽州节度使是实力最强大的节度使之一,薛仁贵的儿子曾任幽州第一代节度使。最强时,幽州驻军就占全国边境驻军的1/4。

(一)贼心难料的史思明

"安史之乱"是中国唐代历史上的重要转折点。始作俑者之一的史思明的墓位于丰台区王佐镇,当时地面有高大的封土堆,老乡称其为"大疙瘩"。农民长年在此取土,封土取尽后露出里面的汉白玉石块和石条。

1965年春,农民为了修井,把石条取出做井壁。待他们挖到底时,发现不得了了,下面还有镏金铜牛、玉册、马镫等文物。

"文化大革命"结束后,老百姓想把文物出售。但文物商店让他们把东西拿到故宫让工作人员看一下。工作人员一看,就扣了下来。知道这个线索后,考古人员到了现场。

此时古墓的石条已被取光,只有石棺床还在,但大部分也被起走。残损的石棺盖还剩下一两块。土里发现有30多块玉册、铜牛腿、铜铺首、陶俑和铜坐龙。

玉册是唐宋帝王古墓中才有的,类似于墓志。它用汉白玉磨制,两端各有一孔,用于连缀。每枚上面刻11个字,字口填金,其中有"血未干唐有异端逸人罔极""昭武皇帝崩于洛阳宫玉芝""帝朝义"等。叫"朝义",又以帝自居,唐代幽州只有史朝义。但这肯定不是史朝义写给自己的悼词,而是给他爹——史思明的。

史思明的头盖骨已经散落。体质人类学专家鉴定的结果为一位五六十岁的男性，和《新唐书·逆臣传》中"不足六十岁"的记载接近，还推测了史思明的身高。

背叛是一种"基因"。不甘心做臣子的史思明除掉安禄山的儿子安庆绪后，做了大燕国的皇帝，自己又被儿子史朝义杀死后送到了洛阳玉芝殿，又运回幽州安葬。玉册上的内容和史料不谋而合了，虽然玉册的文字被"美颜"了，满篇歌功颂德之词。

幽州节度使间谋兄弑父的剧情仍在上演。

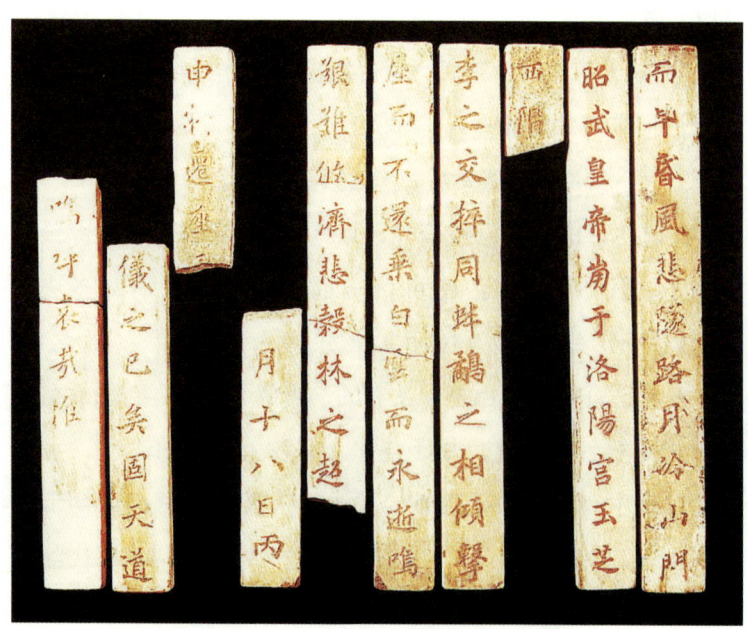

← 玉册只有帝王才有资格使用，且上面明文写"帝朝义"足以说明史氏父子以君主自居

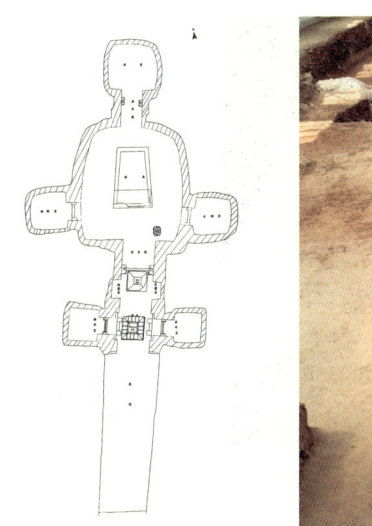

↑ 刘济夫妇合葬墓是"五室一厅"的唐代砖室墓

（二）惨遭毒手的刘济

长沟镇坟庄村，位于房山西南一隅。2012年7月，一队工人正在炎炎烈日下挥舞着"洛阳铲"。为配合施工建设，按照相关规定提前对这里的地下文物进行勘探，也就是人们常说的"要动工，先考古"。从这个角度讲，考古有点像施工前的"侦察"。

探着探着，一位探工的铲子"当"的一声打在了"石头"上。这在勘探中是常有的事，所以也没有引起太大的注意。但随着越来越多的"当、当"声，大家发现，这片"石头"分布范围很大。待将它的形状绘制成图，大家才看明白，

↑ 古代砖室墓葬的结构示意

原来是一座"五室一厅"的古代砖室墓。"坟庄"村果真有大墓。

考古人员第一时间进入墓室时,不由得倒吸一口冷气:眼前可谓一片狼藉。除巨大的棺床坚守自己的岗位外,几块石椁板都散落在它周围。显然,这座古墓已经被盗墓贼光顾过了。虽此,残留的出土文物还是诉说着它们主人生前的显贵,尤其是石质文物的"三绝"。

小贴士

砖室墓是古代墓葬的一种,以砖砌成墓门和墓室。北京的砖室墓流行于东汉至明代,一般由墓道、墓门、甬道、墓室组成。墓室内放棺床,墓主人尸骨(或火化后的骨灰)及随葬品放于棺床上。墓室上有封土。

> **小贴士**
>
> **天王**原是古印度神话中的战将，后被佛教宣传为四个守四方的护法神。中国的寺庙中，四大天王手中持剑、琵琶、伞、蛇等物。**阿修罗**是佛教中半神半人的大力神，是佛教护法天龙八部之一。阿修罗男身形丑恶，女端正美貌。

首先是精美的石棺椁。石椁中部雕出门框、门簪、门扇及乳钉、门锁的形象，并施以彩绘，特别是门锁上贴金的装饰手法，令人叹为观止。汉白玉质长明灯由灯盏、灯柱及灯座3部分组成，雕出莲花造型及线刻牡丹纹饰。豪华的石棺床高达6层。每层都有不同的图案：或雕脸形及瑞兽，或彩绘莲花及牡丹。

脸形图案面露獠牙，似笑非笑，喜怒哀乐藏于细微之处，每张面孔的表情都不一样。有些像人，有些像鬼。有人认为是天王脸，也有人认为是阿修罗面。对此，你怎么看？

↓ 浮雕彩绘石棺床是石质文物"三绝"之一

→ 脸形图案到底是什么含义？

第四章 汉唐逝影

→ 通体施以彩绘的汉白玉文官俑（左）与武官俑（右）是石质文物的第二绝

其次是汉白玉文武官石俑。这哥儿俩线条流畅，五官生动，帽服刻画细致。

压轴的大型墓志是唐代墓志中的精品。上面雕有彩绘十二生肖，间以牡丹花图案。文字描金，这在唐朝很少见。

十二生肖被文官抱在怀里，不仔细看无法辨认。它们是唐代墓志上常见的图案。代表了12个时辰，出现在古墓里，意味

← 制作极尽奢华的大型彩绘墓志盖是迄今国内第二大的唐代墓志盖

> **小贴士**
>
> 壁画是古代建筑物墙壁上绘制的彩画。它既有建筑性，也有装饰性。中国壁画可分为建筑壁画、墓葬壁画和石窟壁画。墓葬壁画的内容多是表现墓主人的生前活动，也有历史故事、神灵百物、日月星辰等。

着死者在另一个世界也可以知晓人世间的时间轮回。

墓壁上十分罕见地绘了两层彩画。相对于上层彩画的丰富与精美，下层的内容则较简单。之所以画两层，与夫妻俩先后下葬有关。夫君下葬时画过一次，妻子下葬时在上面又画了一次。

↓ 十二生肖被文官抱在怀里，不仔细看无法辨认

→ 墓壁上的彩画，表现武士正在搭弓引箭

第四章　汉唐逝影

滑石型玉器以生肖题材为主，体积较小，生动而富有情趣。透闪石类玉器的原料可能来自新疆和田。玻璃器分为高铅硅酸盐玻璃和钠钙硅酸盐玻璃。后者借助于丝绸之路，从罗马地区通过中外贸易、经济和技术交流，传入幽州地区。

这些不寻常的随葬品，它们的主人是谁？

墓葬本身不会说话，两盒墓志开启了这扇大门。

墓志告诉人们，墓主人是唐代卢龙节度使刘济（757~810年）和夫人张氏。

刘济家族累居幽蓟一带，按族谱排的话，刘济是西汉中山靖王之后，跟刘备有血缘关系。这一家族中代出高官，辽代宰相刘六符（他的墓2007年被考古发掘）等人就是他们的后裔。刘氏家族从唐代中期到金代世宗时期，300多年兴盛不衰，是北京地区的"土豪"。

刘济的父亲刘怦就是卢龙节度使，不过上任仅3个月就去世了。有意思的是，金代章宗时期修建南苑时发现了刘怦的墓。

→ 白釉唾盂造型端正，釉质细润光滑，说明唐代北京人是讲究卫生的

于是给了刘家后人一笔钱，让他们把刘怦的墓迁走。刘济爷儿俩的墓，都被基建考古发现了，爹是古代的基建考古，儿子是现在的基建考古。

所以刘济通过表面上的组织推荐、民主选举，实际是子承父业自然上位，一共在位26年。刘济在任时管的地方包括今天的北京全境、河北北部、天津大部及辽宁西部地区，是京津冀协同发展的唐代践行者。

传说刘济出生时母亲难产，呱呱坠地后竟然是一条黑蛇，助产的人吓得当场跑掉了。当然，传说归传说。刘济从小聪明异常，深得父亲喜爱，被送到长安求学。这名官二代不负父望，考中了进士。

虽然是文化人出身，但他也是位战功卓著的武将。当时卢龙的治所幽州，常受乌桓、鲜卑等北方民族的侵扰。当上节度使后不久，勇猛的奚人（北方的一支少数民族，下一节会讲到他们的故事）从大草原上驰来，袭掠幽州北部边境。刘济率军迎击，穷追千里，直至军都山，斩首2万人。后来奚人卷土重来，刘济会合其他军队再次把进犯的奚人打得大败。边境遂安。当时，朝廷纵容藩镇，节度使大都骄横不法，只有刘济对朝廷最为恭顺，进贡不断，因此唐德宗也很信任他，屡次加官。

这样一个战功赫赫的人也虔心向佛。他主动把位于幽州城南的大房子改成了崇效寺，寺内牡丹名冠京华，千年不绝。1950年，在著名书画家叶恭绰（民国时期曾任交通总长）的建议下，崇效寺的牡丹被移到了北京中山公园，成为园内名景。

刘济还用20余年时间自费在与自己墓地相邻的白带山云居寺刻石经。绵延千载的云居寺刻经史上，刘济是重要的刻经人之一。1957年，这些沉寂了1100多年的石经在云居寺藏经洞被发现。

不过，虽然刘济深得军心，妥善地处理了"执掌一方"与"效忠朝廷"的关系，却没能抹平父子兄弟间的嫌隙。

810年，刘济率领7万大军出征，途中忽然生病。其长子刘绲当时留在幽州，次子刘总随军。刘济病后，性情凶暴的刘总便与下属密谋篡位。他暗中在粥汤中投毒害死父亲，又将行至涿州的哥哥假以父命杖杀之，最后自领军务，数日之后才为父亲发丧。刘济死时不过54岁，可惜一代雄杰，祸起萧墙，竟遭亲子毒手，死于非命。唐宪宗思念他的功劳，特追赠为太师，并废朝3日以示尊重。刘济去世后，刘总修建了这座刘济墓。

刘济的墓志是当朝宰相权载之奉旨撰写的，工部尚书（建设部部长）归登负责刻，两位大领导联手完成制作，绝对称得上强强合作。

除了这些史实，墓葬还告诉人们哪些文献记载之外的故事？

历史已逝，考古学使它复活。

有人说过，一个成功男人的背后必定有一位支持他的女人。张氏的事迹虽然未见于史料，但志文中的她诠释了这句话的含义。

古代婚姻讲究门当户对，张氏家族丝毫不比刘氏家族差。美貌与智慧并存的张氏出于清河，她的先祖张开地，先后辅佐韩昭侯等三代国君；张开地子张平，辅佐韩厘王、韩桓惠王两代国君。张平的儿子就是张良，乃汉高祖谋臣、汉朝的开国元勋之一，与萧何、韩信同为"汉初三杰"。曾祖父为"陇州刺史"，祖父为"剑南西川节度兵马使"，父亲为"左领军尉大将军"。

清河张氏后代任官者众多。尤其唐代张文瓘、张文琮兄弟及子侄五人，皆官居三品以上，俸禄累超万石，有"万石张家"之誉。唐高宗时，考定四海望族，遴选十姓望族为"国柱"，清河张氏位列其首。在已发现的大批唐代墓志中，凡张姓亦多以清河张氏为其族望。天下张姓出清河，此言诚不为虚。

张氏曾获得三个封号：蓟国夫人、蓟国太夫人、燕国太夫人。三个封号伴随着她的一生。

蓟国夫人：刘济生前张氏谨守"五常、四德"，温良贤淑，因此受封。

蓟国太夫人：刘济暴毙后，军队大乱，人心浮动。在何去何从的危难关头，张氏临危不惧，召集众人，做了大量的安抚工作，坚决拥护刘总继任幽州卢龙节度使，使幽州恢复平静，还支持刘总继续服从中央。

燕国太夫人：此封号为张氏去世后追赠。张氏"栖心释教"，普济贫困，广开善门，仿效其夫生前舍宅建寺之举捐资修葺寺观。

刘济次子刘总，也就是墓志的作者，在旧、新唐书中，都被刻画成"性阴贼，尤险谲"之人，被史官所诟病。但在张氏墓志的记述中，他却完全是另一个人。

刘总忠于朝廷，侍母至孝。张氏病重时，他侍候床前，通宵达旦，冠带不解，饭药都要先尝一遍才喂母亲。张氏病逝后，刘总泣泪成血。

刘总对其生母，确可谓孝，然诸多诚孝之举、守节奉礼之行仅见于此墓志铭，与史籍所载迥然有异。在其殚精孝母的溢美之词镌于刻石之际，亦有弑父杀兄之恶丑行径载于正史，思之令人悚然。

比较一下他父亲和母亲的墓志，就能看出区别。母亲墓志不仅石材选料考究，还采用浮雕、彩绘加以修饰。相比之下，父亲的墓志要寒酸多了。

母亲族属清河望族，出现如此精美墓志可解释为为了彰显其家族声威。然而他刘家家族也很显赫，所以应是刘总出于"坑爹"的怀愧之情，在母亲身上极尽孝道。此外，刘总毒死他爹后一个月就仓促下葬，而母亲死后半年之久才下葬，也让他母亲的墓志有了更充分的准备和建造时间。

（三）方舟而东的张建章

节度使并不全是尔虞我诈，也有为外交和考古做贡献的。

西城区德胜门外冰窖口出土的张建章（806~866年）墓志是渤海考古的重大发现，使这位在文献上仅留有吉光片羽记载的人物身世顿显清晰，足可弥补两《唐书》不为张氏立传的缺憾。

张建章，中山北平（今河北顺平县）人，曾任卢龙节度使和奚、契丹两蕃副使摄蓟州刺史，勋至上柱国。从当过的官可以看出，他干的活儿长期与北方少数民族打交道。

张家是建立在4世纪前凉政权的张轨之后，皇家血统杠杠的。张的高祖位至司空，已是唐代最高的官宦之一。张建章少年成名，16岁时已能诗文"云水兴高，风月吟苦"。但家道中衰，年少时，博陵（今河北博野县）歉收，张自觉无以养亲，开始

→ 为外交和考古做出贡献的张建章的墓志盖

云游四方。到了燕地后，当了教书先生，设馆授徒。时遇贵人，被太子的老师李公厚遇，当上了相当于今廊坊安次区公安局局长的官。这是他的仕途之始。

28岁对他是一个转折点。因为上年渤海国国王大彝震遣司宾卿贺守谦来聘，所以唐王朝也要礼尚往来，遣使前往渤海还聘。幽州府选张建章以"瀛州军区总后勤部长"（副局级）答聘，经过组织部门批准，风华正茂的张建章最终得以出使渤海。

当时的渤海是唐朝的地方政权，辖地东起日本海、西达大兴安岭、南接新罗、北抵黑龙江，管辖五京十五府六十二州。自首领大祚荣建立至为辽所灭，共经历15世229年。这个时期，渤海和唐王朝在政治、经济、文化等方面，一直保持着十分密切的关系。大祚荣在建立国家之初，自号"震国王"，后因唐代皇帝对他所赐的封号中有"渤海"之名，就把国名改为"渤海"。目前的国王大彝震是一位较有作为的王，既到长安朝贡，又到就近的幽州纳聘。

这年秋天，张建章从山东登州坐船向东，渡过渤海后，经旅顺，第二年秋才到渤海国首府上京龙泉府（今黑龙江宁安市渤海镇）。这是渤海交通干线中最重要的一支，又称鸭渌-登州道，是以水路为主的交通干线。唐朝和渤海的官员、士子、学者、学问僧、商人不畏万里风涛，频繁来往于这条干线上，正不知有几多人也。渤海王对唐使自然"重礼留之"，张盛情难却，"岁换而返"。前后3年，历尽波涛，千里风霜，终不辱使命。

30岁时，他任期已满要返回了。渤海王隆重送行，并赠送宝器、名马、皮革等珍贵礼品以做纪念。张在渤海时，是个有心人，广为交际的同时留心观察当地风情，收集了不少材料，撰写了不少作品，以至他的往还书信和赠答诗稿装满了行囊。除一般的笺、启、赋、诗等外，回国后还以其所见所闻作《渤海记》3卷,"备尽岛夷风俗、宫殿、官品"。因为渤海远隔千里,道途阻隔,那里的情况,中原人士很难得知,因而此著一出,"当代传之"。

宋人的《北梦琐言》《南部新书》都曾提到张建章赴渤海之事,但都很简略。后晋刘昫所撰写的《旧唐书》艺文志中,没有收录张的《渤海记》,而宋欧阳修的《新唐书》艺文志中把此书收进去了。这说明刘可能没有见过此书,而欧阳修见过。从新、旧唐书渤海两传的比较中可以看出,《旧唐书》渤海传,只是简略述说了渤海建立、诸王相袭、唐渤关系,而《新唐书》中的内容,大大增加了有关渤海的地方建制、行政区划、官员设置、物产分布和社会风俗等方面,所以估计《新唐书》采用了《渤海记》的主要内容。

张建章是一个被外交耽误的考古学家。孙光宪著《北梦琐言》十三题有"张建章泛海遇仙"事,记载了张的苦读与博学。一次,唐太宗贞观十八年(644年)亲征高丽的纪事碑被发现,不过一半沉在了水中。张看到后,用布帛包上麦屑做成拓包,把浮出水面部分的文字拓了下来,水中的则用手摸而读之,不欠一字。水上水下全覆盖,两部分文字完美结合,则碑石全文畅通可读,顺理成章了。当时这是幽州人都知道的事。

所以,现代考古中常用的传拓技法,张建章在上千年前就已经用上了。

七、鬼衙门的历史迷雾

1984年，就在一众考古队员紧张地从挖掘机下抢救上宅遗址的同时，另一拨人马走访到延庆最西的张山营镇，听老乡们谈起深山之中有很多房子，可从来没人住过，当地人称为鬼衙门。他们很是好奇，在村民的带领下进山一探究竟，别具洞天的瑰奇景象让他们惊叹不已。

山崖上，有规模庞大、整整齐齐的一排排洞窟。为了解它们的结构与建造年代，考古人员多次对洞窟进行发掘。挖洞窟不同于挖平地，要凶险得多。由于洞窟都在崖上，根本就没有路。一次一名老队员打算从山顶溜下去，一打滑没抓住差点坠落。下面是万丈深渊，险些就以身殉洞了。千钧一发之际，多亏另外两人死死抓住他不放手，才慢慢拖了上来。

↓ 被称为"千古之谜"的古崖居洞窟，何人所建？

↑ 洞窟上下层之间有阶梯相连

这些由先民在陡峭的山崖上凿建的洞窟，被称为古崖居。它们分布在海拔600米以上、总面积10万平方米的崖壁之上，是目前北京规模最大、档次最高的古人洞窟聚落遗址。

130多座洞窟洞口毗邻，位置错落有序。洞窟呈长方形或正方形；有居室、储藏室、马厩和议事厅；有单间、两套间和三套间，甚至还有上下相通的复式跃层，以一明两暗的三套间居多。复式的下层多为马厩，上层为居室。全部洞窟分布成楼层状，层与层之间以石磴、石梯和栈桥相连。

洞窟里有许多石头制成的生活设施，如门、窗、壁橱、灯台、炕、排烟道、灶和马槽。矮小的里外双门痕迹犹存。排烟道上方凿有放置雨搭的"人"字形刻槽。有炕的洞窟是居室，炕是双人炕，上面铺设石板，保存较好的石板上还有炕泥，炕内的火槽连接灶台和烟道。一些精装修的居室中甚至有下水道。

马厩一般可容四五匹马。

有一处洞窟建造得高端大气上档次。上、下两层一共8间房，下层面积约90平方米。前有走廊，后部凿成神龛，龛前有摆放供桌的凹槽。当地人称之为"官堂子"，即当官的人开会的地方。

历史文献中没有任何与这些洞窟相关的记载。洞窟的墙壁上只有凿痕，没有文字或图画；屋子里空荡荡。考古人员如同面对一座空城，一切与原来主人相关的信息都消失得无影无踪。

洞窟一般高1.5~1.8米，火炕大多数长1.6米。这些都似乎说明：古崖居的主人平均身高不到1.6米，身材并不高大。当今中国人成年男性平均身高约1.67米、女性约1.56米，什么样的部族能"高"成这样？

→ 被称为"官堂子"的豪华型洞窟，上下两层复式结构

考古人员还发现了一个很有意思的现象：古崖居的建造者，深处北方如此之冷的环境下，居然舍弃了阳坡，而把洞掏在了背阴处，让人不能理解。

测量火炕的结果，又有了意外的发现：前山洞窟面积比较大，但都没有火炕；而后山火炕、马厩齐全。因此，前防御、后生活，分工明确。

最不可思议的是，古崖居整个山体都是花岗岩石，古人使用铁质工具，如何能把这一整座石头山开凿成一幢"大楼"？即使是愚公，恐怕也是不可能完成任务的。

专家们估算，古崖居的总开凿量有3000~4000立方米，起码需要100人，不间断地开凿5年，才能把山体变成现在这般壮观的洞窟群。

通过考古研究，推断这些洞窟开凿于唐代，用到了元代，辽金是主要使用时期。

↓ 洞窟内的马槽，里面为一套间

对于古崖居的用途，有人认为是古代储物之所，也有人判断其为奚族居住地，但都因为没有足够的证据而难成定论。

一些人认为，洞窟数量虽多，但绝大多数都没有供人居住的设施，只有极个别的有石床。显然，洞窟的主要功能是储藏物品。

他们进一步指出，开凿如此之多、规格一致的石窟必然要求极为严明的组织纪律、统一的行动、大量的铁质工具和巨额经费。显然，普通民众不具备这种条件。所以，古崖居是中央王朝的政府行为，也就是说，它是官方的仓库。

仓库的用途是什么？远离都市的深山之中，难以存放贵重的物品，金银珠宝放在这里，一旦丢失，损失惨重。开凿防潮功能较好的石窟，说明存放的物品易于腐烂，不能埋入地下。还有，存放的物品必然是体积庞大，才需开凿如此之多的石窟。由这3点来看，最大的可能就是粮食。因此古崖居是唐朝中央政府的杰作——超级粮仓。

也有人认为，一支曾经强大的部落、生活在我国东北地区的古老民族——奚族，五代时期苦于契丹苛虐，迁妫州北山内附。这也是他们不能住在明面而宅在石窟中的原因。妫州就是今天的延庆一带，北山就是军都山。

他们与契丹没少打仗。一次，奚族的首领据山险面对辽太祖，嘲弄敌军："你们还有什么本事！""来吧，小子！我准备了羊羔、美酒犒赏你们！"面对强敌，无所畏惧。不过最终没有敌过契丹铁骑，被辽太祖灭了。

他们认为，奚族本以游猎为生，后来随着时代的发展，把汉族的房屋形式，创造性地发挥，在山坡上凿出了屋子并居住，是古崖居的设计者和业主。还有人认为，这里会不会是奚族被刘济打败后逃至军都山的避难场所？

历史文献还为人们提供了一条奚族去向的线索：奚人在北

山生活了大约30年后被契丹人发现，强行遣返东北老家。不管是被轰走的，还是事了拂衣去，深藏功与名，斯人已去，空留石屋。

尽管古崖居的用途还是谜团，但它确实是北京罕见的文物类型。

← 崖壁上的古栈道只容一人通过，凶险陡峭

第五章 多元一统

947~1368年间,北京经历了北宋、辽、金、元等不同的朝代。北京的政治地位由地域中心上升为王朝的陪都。400余年间,政权大更迭、民族大融合、文化大交流。时而金戈铁马,时而马放南山,谱写出一卷卷民族交融、社会发展的绚丽历史华章。北京作为五朝帝都,是除长安外,时间最长的帝都,而且在中国封建社会发展的后期绝无仅有。

一、龙泉务瓷窑：国有还是民营？

马牛到处即为家，一卓穹庐数乘车。

千里山川无土著，四时畋猎是生涯。

——［北宋］苏颂

10世纪，契丹这个在北方草原上纵横驰骋了600年的古老民族终于迎来它的黄金岁月。

"契丹"一词最早见于《魏书》。相传远古时有一男子骑着白马沿河而下，又有一女子坐着青牛驾的车沿河而上。两人相遇后结为夫妇，这就是契丹族的始祖，他们生了8个儿子，繁衍后成为契丹八部落。契丹所建立的政权，是为辽国。

说起大辽，人们会想起长盛不衰的京剧《四郎探母》、家喻户晓的评书《杨家将》、经典的武侠小说《天龙八部》……

后梁开平元年（907年），辽太祖耶律阿保机建国；31年后，从后晋"儿皇帝"石敬瑭手中轻而易举地得到了包括幽州在内的幽云十六州；至保大五年（1125年）天祚帝耶律延禧为金兵俘虏，其后耶律大石建西辽，最终于金兴定二年（1218年）亡于蒙古，其政权延续了300余年。

辽国疆域宽广，全盛时期东到日本海，西至阿尔泰山，北到额尔古纳河、大兴安岭一带，南到河北省的白沟河。辽曾与宋争锋而屡挫对手，四面所及，一时俱服，在中国北方开创了一个繁荣时代。

辽国设立了5个首都，所谓"五京"——这是由契丹人游牧生活的特点决定的。辽国皇帝一年四季不是在旅游，就是在去旅游的路上。目的地分别是上京临潢府（今内蒙古自治区赤峰市巴林左旗）、东京辽阳府（今辽宁省辽阳市）、南京析津府

（今北京市）、中京大定府（今内蒙古自治区宁城县）、西京大同府（今山西省大同市）。

从此，北京由中原王朝的边疆重镇一跃成为北方游牧民族的陪都，拉开了北京成为全国政治中心的序幕，揭开了历史上崭新的一页。

精美的瓷器是中国灿烂文明的象征之一。在辽南京发现了很多深受北方定窑影响的白色釉瓷，俗称"辽白瓷"。它们是进口货，还是本地造？

门头沟区的龙泉务窑址给了后人答案。这里三面环山，永定河水由北而南，经窑场东侧蜿蜒而过；西南的曹家地、东北的军庄乡盛产煤炭；北部的灰峪、西南的山上产坩子土（北方的一种瓷土）。这些便利的自然条件简直就是为创建窑场准备的。

人们在村里偶然发现，自己的脚下居然就是1米厚的古瓷片层，还有琉璃三彩的菩萨、莲座彩绘佛等文物。有人捡到两片琉璃釉炉残片，上面有"寿昌五"的铭文，下边缺了"年"字。寿昌五年（1099年）是辽道宗耶律洪基的年号，属辽代晚期。这无疑为了解龙泉务窑的大体年代提供了线索。

经过20世纪90年代的考古发掘，发现窑炉、窑前作坊、烘坯火坑、炉灶等一整套制瓷遗迹。龙泉务窑的使用寿命都很短。

小贴士

定窑是中国宋代六大窑系之一，主要产地位于河北省曲阳县。该地区唐宋时期属定州管辖，名定窑或定州窑。创烧于唐中后期，一开始作为面向割据藩镇的官窑，五代时期已经供官了，北宋早期受到皇室的喜爱。以产精细白瓷著称，兼烧黑釉、酱釉和低温彩釉（三彩器、绿釉器）。元朝刘祁的《归潜志》说："定州花瓷瓯，颜色天下白"。

← 由窑床、烟道、烟囱等组成的倒焰式马蹄形窑炉

当不能用时,就在旁边另砌新窑,或修补后多次使用。

陶器和瓷器的关系有点像绿皮车和高铁——很密切,但是鸟枪换炮了。它们的主要区别在于原料不一样:陶器用黏土,瓷器用瓷土,所以对温度的要求也不一样。烧的过程大同小异,但对瓷工的要求更高,分工更明确。

龙泉务窑的主打产品是白瓷器,以盘、碟、碗、钵、罐为主,还兼营一些诸如棋子、小动物的副产品。作为北方少数民族的瓷窑,龙泉务窑充分反映了北京(辽南京)是北方手工业的重镇。

三彩瓷也是龙泉务窑的拳头产品。龙泉务生产了精美的三彩佛像、罗汉,并远销到河北易县等地。1913年,被人发现后,

→ 《天工开物》中的造瓷图

几经商人转手,目前被收藏在伦敦大英博物馆等海外博物馆内。辽三彩的釉色以黄、绿、白为主,不同于唐三彩的黄、绿、蓝。龙泉务窑三彩瓷的釉中,氧化硼占1/10,而氧化铅仅为0.4%~1.34%,说明龙泉务窑的琉璃釉是硼釉。这一重要发现证明早在1000年前制瓷工匠就已使用硼釉做助燃剂,填补了中国陶瓷工艺发展史的空白。

← 龙泉务窑的主要产品之一——白釉刻花罐

→ 龙泉务窑生产的围棋子,单面印凸起的梅花纹

← 三彩菩萨像也是龙泉务窑的主要产品之一

如果是本地造，那么第二个问题来了，龙泉务窑是官窑还是民窑？一般认为，烧造琉璃砖、琉璃瓦的窑址应当与官府有关。《宋会要辑稿·蕃夷一》记载了宋太宗围攻辽南京时发生的一件事。宋太平兴国四年（979年）六月二十六日"幽州神武厅直卿兵四百余人来归，山后八军伪瓷窑官三人，以所授牌印来献"。幽州即辽南京，神武是由汉人组成的辽朝军队的军号。照此来看，龙泉务窑似为官窑。但窑址中还烧样子一般、类似民窑的瓷器如酱釉瓶、黑釉瓷罐，所以很多人认为应为民窑。

龙泉务窑到底是归当时的"国资委"管还是"工商局"管？更大的可能性应为窑不是皇宫出钱建立或者直接管理的，但为宫廷制造贡器或官家私人定制。

大辽五京之中，以南京经济最为发达，是辽的"CBD"和纳税大户。除了龙泉务窑外，北京还有房山的磁家务窑、密云的小水峪窑等窑场，它们都是辽白瓷的生产基地。

二、辽代的"首钢"

生铁是中华民族最伟大的发明之一。中国早在公元前8~前6世纪就发明了生铁,领先欧洲2000多年。到汉代时已形成了一整套生铁及生铁制钢技术体系,奠定了中华文明发展壮大的物质基础。从那时起,中原先进的冶铁技术不断向周边地区传播,成为中华大地各民族进步强大的物质基础。

2006年某日,一群"驴友"到延庆区大庄科乡水泉沟村进行户外探险。此地青山绿水,风景绝佳。村支书听说这群人里有文物干部,就随口说起他家旁边有一座2米多高的窑,但不知是烧啥的。同样的窑,村里还有七八座。老乡有的说是烧砖的,有的说是烧炭的,但均不知真假。

因为附近有很多明代长城,于是人们自然就推断这些窑可能是专门为修长城冶炼铁器的高炉,并在报纸上介绍了他们的发现。几位冶金史专家注意到后,觉得不一般,就冒雪到了现场。

虽然大雪覆盖,但专家们还是几乎一眼就认定这是一座古

← 大庄科辽代矿冶遗址填补了北京考古类型上的空白,因此被评为2014年度中国十大考古新发现之一

代炼铁的炉子,喜悦之情溢于言表。随着调查范围的扩大,在大庄科乡的其他地点也发现了多处冶铁和矿产遗迹。至此,大庄科乡的古代矿冶群揭开了神秘的面纱。

经过考古,可以确定这些"炉子"属于1000多年前的辽代。大庄科矿冶遗址是目前国内发现的辽代矿冶遗存中,炼铁炉数量最多、炉体保存状况最好的冶铁场所。

辽人不会无缘无故来这里炼铁,必是大有缘由。大庄科乡127平方公里的范围内至少发现5处矿洞,有的矿洞甚至不久前还在使用。丰富的原料是辽人在此炼铁的主要原因。

光有矿石不够,燃料也很重要。孢粉分析表明,辽代的大庄科广种栗树。并不是辽人爱吃糖炒栗子,而是栗树可以提供理想的燃料。因为孢粉分析同样说明,辽代之前,这里的主要树木是冷杉。相对于冷杉,栗树在燃烧时能够提供更猛的火力、更高的温度;栗木炭具有更高的硬度,更适于做燃料。除了质优,量大也很关键。根据推算,当时每产1吨铁需要燃烧木料6~8吨,所需燃料的量是巨大的。当时的大庄科树木参天,燃料自然不成问题。燃料用尽了,遗址也就凋零了。

炼铁还需要流动的水,否则会污染环境。大庄科内几条通往九渡河的支流可以提供充足的水源。

金、木、水,这三者,缺一不可。

炼铁分工明确,用现在某些公文中常见的话叫"专人负

孢粉分析是对地层中孢子花粉的种类、孢粉浓度特征进行分析,可以重建该地区古代植被区系、群落和种群,从而研究古植被的时序演替和空间变化,并以此了解古气候和古环境。

责"。"钢铁侠"们有人把开采的矿石破碎成大小相近的矿石块,有人伺机往炉口中倒矿石块,有人在炉后负责鼓风,有人在炉口处负责管理炼出的铁水和分离出的铁渣,最后有人将炼好的铁块拉走。

铁匠们用的炼炉有圆形炉和方形炉两种,炉壁采用了成熟的耐火技术建造。圆形炉炉身内收明显,有明显炉身角、炉腹角,其收口式结构符合常规设计。同时由于炉身的收缩程度明显大于辽代之前的夯土竖炉,所以更好地起到了保温作用。这种圆形竖炉可以在尽量低能耗的条件下,通过受控的炉料与气流的逆向运动,高效地完成还原、造渣、传热及渣铁反应等过程,得到化学成分和温度较为理想的生铁,供铸造、炼钢等下一步工序使用。总之,圆形炉体现出了设计合理的炉形,科学的配料和鼓风技术,精准的炉内气流控制。

↓ 圆形炉采用单风口倾斜向下鼓风,是国内迄今唯一发现的具有完整圆周结构的古代冶铁炉

→ 方形炉的双鼓风口结构也是考古中的首次发现

按照炉容×单位炉容产量，圆形炉日产铁约1.2吨。一年以连续顺产5个月计，年产量约180吨。

这些炉子内部结构完好，鼓风口清晰可见。它们丰富了古代冶铁竖炉炉形体系，在中国古代冶铁高炉的演变过程中起到了承前启后的关键作用。

铁匠们不光炼铁也制钢。一种是在冶铁炉旁边直接炒钢。就近炼钢可以减少能源和物料消耗，是先进的炒钢工艺。在考古发现之前，这种钢铁联合生产的最明确证据来自明代末年宋应星《天工开物》中的记载。这一发现从实物角度将中国的钢铁联合生产至少提前了500年。还有一种是分离式炒钢，即把铁渣运至远一些的地方再炒钢。

铁匠们就近居住。在他们住的房子里，还令人惊讶地挖到了一罐满满的已风干的油脂，可能是冶炼时为防止烧伤用

←《天工开物》中记录的联合炒钢工艺

↑ 分离式炒钢炉，是将铁渣运至远一些的地方再炒钢

→ 铁匠们居住的房屋遗址邻近炼铁炉

的獾油。

钢铁炼好后，用车或船集中运到"铸造车间"统一锻打或铸造，产品最有可能是兵器或农具。

虽然不是叹为观止的古代墓葬，也不是让人眼前一亮的奇珍异宝，但这是冶金考古、技术史领域的重要成果。它恰恰表明了考古学的本质特点：不以挖宝为目的，而是探索历史。

研究人员为了解炉子内部的燃烧状态，用计算机进行数值模拟。在此之前，这项技术只有一位英国学者实践过。根据圆形炉的数值，等比缩小建了一座冶铁炉，并真刀真枪炼了几炉铁，对炉内的温度、鼓风、煤气实时监测并记录。

冶铁在辽代手工业中占有非常重要的地位，朝廷设置户部司专门管理铁矿的开采与冶炼。辽国作为一个北方游牧民族政权能够与代表当时最先进文明的宋国分庭对峙160余年不落下风，且席卷欧亚草原，强大的铁器是它的重要依恃。

早在唐朝，契丹人最初的冶铁技术就是师自擅长冶铁的渤海国人。辽建国后，由于渔猎和战争所需，加之辽国统治范围内铁矿资源丰富，朝廷对冶铁极为重视，辽国冶铁业得以迅速发展。

辽国征服渤海国后，把原渤海国的冶铁地区升级为主要冶铁基地，现在东北著名的鞍山铁矿在辽代就得到了大规模开发。辽国皇帝耶律阿保机大力实施"科技兴国"，"吸引"优秀的专业技术人才——掠夺了很多汉族工匠为辽国冶铁，并把许多有冶铁专长的渤海俘户安置在上京道长乐县（今内蒙古自治区赤峰市林西县），使其发展为有千余户冶铁纳贡的冶铁中心。

大庄科炼铁炉处于宋辽之间的战场前沿地带。炼出的铁既可以满足军需，也能民用。别小看这几个不起眼的炉子，它们是冶铁技术自中原地区向边远地区传播的物证。因为辽灭国以后建立的西辽国，就是中国古代生铁技术向西方传播的重要力量之一。中国古代钢铁技术并不是独善其身，而是成己达人。自战国起，中原体系钢铁产品和技术不断向外传播。欧洲在掌

→ 韩国忠清北道阴城郡的铁博物馆展示了冶铁过程中的采矿、冶炼和运输

握生铁冶炼技术之后，加速迭代，为工业革命提供了强大支持。中国古代钢铁技术带动了多民族共同发展，对中华民族大家庭的形成和东亚乃至整个人类文明贡献卓著。

《辽史·食货志》中记载，辽太祖耶律阿保机到幽州、蓟州打仗，班师的途中，在山根下面发现了银、铁矿，便命人开发。这和大庄科的情况何其相似！因为大庄科地处幽州以北，且也发现了银矿。《辽史》在"二十四史"中素以简略著名，但近年来的多项考古发现说明，虽简可信。所以虽然不能说《辽史》中记的就一定是大庄科，但可以说大庄科的考古发现印证了文献上的记载。

钢铁不光在生产生活中有巨大的作用，更重要的是，在冷兵器时代，它是军事实力的核心指标之一，具有强大的震慑作用。即使到了21世纪，钢铁总产量仍是衡量一个国家工业水平的重要指数之一。

试想1000多年前，属于辽国的大庄科地区，到处高炉林立，炉火照天地，红星乱紫烟。人们繁忙地拉着风箱，炼出一炉炉热气沸腾的铁水，再转运到别的地方，铸造出一批批的兵器和马具，用以维系着辽王朝统治。从重要性看，大庄科的地位一点也不亚于今天已迁出北京的首钢公司。

钢铁是怎样炼成的？钢铁就是这样炼成的！

三、北京的敦煌

"劝君更尽一杯酒，西出阳关无故人。"没错，诗句出自以壁画、石窟名扬天下的敦煌。房山的云居寺，被誉为"北京敦煌"，储藏着被称为"国之重宝"的自隋代至明代的千年石经。

1956年是释迦牟尼佛涅槃2500周年，房山石经的发掘整理是当时主要的纪念活动。藏经洞一共上、下两层9个洞，工作人员打开洞门，搬出里面的大、中、小型经版，编号拓印。经版都是下层立放，上层横放。9洞共4559块石版。每石拓印7份。拓印后仍将石版放回原洞并封门。拓片用马车运到城里广济寺，一趟整整走了3天。

> **小贴士**
>
> **拓印**是把坚韧的薄纸事先浸湿，再敷在石碑、铜器、陶器等上面，用刷子轻轻敲打，使纸入字口，待纸张干燥后用刷子蘸墨或彩色颜料，轻轻地、均匀地拍刷，让墨均匀地涂布纸上，然后把纸揭下来，拓片就复制完成了。

← 20世纪50年代工作人员进入藏经洞拓印石经

← 雷音洞是石经山最早和最主要的石经洞

第五洞名雷音洞，是石经山最早也是最主要的石经洞。洞中的4根八棱石柱，上刻佛像1056尊，每尊佛旁都有名号，四壁镶嵌的经版都是云居寺的创建者隋代静琬所刻。

史料中还记载有藏经地穴，但没有说准确的地点。大家苦寻而未果。奇迹往往出现在山穷水尽之际。一天，一名工作人员在考察中忙得口干舌燥了，走进老乡家找水喝。他坐在炕沿上一边喝水一边和老乡聊天，无意间一低头，看到了灶台上有一块被火光映亮的石头，上面仿佛还有文字。当他看到"……发心磨莹贞石，镌造大藏经，以备法灭，相继至大辽天庆七年已镌了经近三帙，秘于东峰满八石岩……"时不由得惊呆了，将这块碑的重要价值向老乡说清，老乡毫不犹豫地将经碑石取下交给了他。后来证实，这便是十分珍贵的《大辽燕京涿州范阳县白带山云居寺释迦佛舍利塔记》。

《大辽涿鹿山云居寺续秘藏石经塔记》载："筑台砌甄，建石塔一座，刻文标记，知经所在。"而《大辽燕京涿州范阳县白带山云居寺释迦佛舍利塔记》中提到"此塔前一步，在地宫有石经碑四千五百条"，这句话为藏经地穴位置的确定提供了十分有价值的线索。

他喜出望外，将这方石刻带回与著名考古学家阎文儒认真研究，然后根据上面的记载开始发掘，首先发掘南塔塔基。塔基中心有一砖砌地宫，中置石函，但函内装藏物品均已无存。再向下挖，并无经版。因此沿塔基的东、南、北3面各掘一道探沟。

终于发现了地穴。地穴面积约200平方米，深5米，表面以方砖铺墁，周围砌砖墙，东墙有一石门。此穴北部占全穴2/3，南部占1/3，两穴之间隔有1米宽的土墙。南北两穴的经版排列形式不同，北部经版是一排排顺序排列，南部经版则纵横交错排列，瘗（yì）藏经版6层。这就是埋藏了800多年的辽金两代所刻经版。其数量比文献上的记载多一倍。瘗经版大碑180片，小碑4080片。这显然是最初的数量。其后经辽乾统至金明昌年间继续刻造的石经亦瘗于地穴中，最后累计达到10082片。

根据石经的经末题记和有关资料知道，辽金两代曾先后进行过3次瘗埋。第一次是辽天庆八年（1118年），沙门善锐穿地为穴，瘗藏经版，并建石塔，刻文标记，记下位置。这就是藏经地穴北部。他把通理大师的刻经和后来寿昌、乾统年间续造的一些石经都瘗藏在这个地穴中。接着，金天会年间山西奉圣州保宁寺玄英及俗弟子史君庆等又刻经27帙。因此把地穴启开埋藏了一些经版，由于容纳不下，便在原地穴南端开辟一穴，于金天眷三年（1140年）瘗入。此后的金大定、明昌年间又刻了许多大、小乘经，再一次启开地穴将经版埋入。

地穴发掘自8月1日开始到8月7日发现第一块经版，仅用一周时间。地穴石经与石经山藏经洞的石经拓印不同，藏经洞是先从洞内抬出经版至工棚内，清洗干净，进行编号，注明洞号，再行拓印，拓完后放回原洞。地穴中的石经则在出土前按经版排列顺序就地编号，然后按序出穴拓印。为保护这些出土的经版，在地穴上面搭起席棚。地穴中经版保存得很好，字迹都很清楚。

地穴北部经版挖至最底，发现一个石函。函内装藏的物品有镏金坐像、菩萨圆铜牌、观音像铜牌、透花铜香炉、银净瓶等，与题记记载不完全相符。从庆历重宝、熙宁重宝等钱币可以看出当时在辽国管辖的幽州范阳县，北宋的货币也流通使用。

四、地下的城市

金殿日长承宴久，招来暂喜清风透。

忽听传宣须急奏，轻轻褪入香罗袖。

——完颜璟（金章宗）

北京西南二环路一带，埋藏着一座古代的城市。它不像后来的元代大都城还留有较长的土城垣残迹，也不像明清北京城还有砖墙，但它开创了北京正式成为首都之始。它的发现，是北京考古史上最重要的成果之一，体现了考古学的魅力。这就是金代的中都。

金朝是东北少数民族女真族建立的王朝，共传9帝，历120年。其祖源于白山黑水间的靺鞨（Mò hé）部落，相传取"金"为国号是为克敌国"辽"。（相传为镔铁之意，镔铁是一种精炼的铁，近似于钢，知道辽人为什么把大庄科的炼铁炉视为命根子了吧？）

女真原为辽国臣属，但友谊的小船说翻就翻了。辽天庆年间，金太祖完颜阿骨打统一女真诸部后起兵反辽，于政和五年（1115年）建立了自己的国家，并先后灭掉了辽和北宋。端平元年（1234年），金国在南宋和蒙古南北夹击下覆亡。

金朝鼎盛时期统治疆域辽阔，包括今天的中国淮河以北、秦岭东北大部分地区和俄罗斯的远东地区。

金朝于天会三年（1125年）攻占了燕山府（辽代南京城，今北京市）。24年后，海陵王完颜亮弑金熙宗上台。因为文化不自信，一心仰慕汉人文化的他在两年后颁布《议迁都燕京诏》，在辽代南京城的基础上扩建新城，为此征用了民夫80万人、兵夫40万人。

由于工期短促，奴役残酷，疫病频生，当时北京周边500里以内的医生全被征用了。竣工验收后，完颜亮下诏迁都，把辽陪都扶正为金首都，并将这座新城盘命名为中都。除中都外，金代也有五京，分别是南京开封府（今河南开封）、北京大定府（今内蒙古自治区宁城）、西京大同府（今山西大同）、东京辽阳府（今辽宁辽阳）、上京会宁府（今黑龙江阿城）。

清人说过，自古帝王建都之地，多且久莫如关中，今则燕京而已。北京成为首都后，一直沿袭元、明、清三朝，至今已有800余年。

提到金中都，就不能不说它的总开发商——金代第四位皇帝完颜亮。当他还是小屁孩时，曾随爷爷完颜阿骨打到过汴京（今河南开封）。那巍峨的宫室、棋盘式的街道在他幼小的心灵中留下了深刻的印象，或许这就是他日后迁都的梦想之源。

作为一名对汉文化推崇备至的少数民族帝王，他的迁都之举，使得金国的统治中心由东北一隅直接肇定在北方汉人居住的地区，便于南下对中原一带的控制；更重要的是，也摆脱和打击了女真族的旧势力。

为了完成迁都大业，他是煞费苦心，大造舆论。一日，他突问大臣："我栽种的二百棵莲花为什么没有活？"臣子们深知主子之意，便答："自古江南为橘，江北为枳，非种者不能栽，盖地势也。上京地寒，燕京地暖可栽莲。"所以，就有了北京西客站旁的莲花池。而看完燕京荷花的完颜亮，又因羡慕江南的"三秋桂子，十里荷花"，遂决意征伐南宋，结果把命搭上了。

为了坚定迁都的决心，海陵王连祖坟都带到了中都，这就是现在房山的金陵。

金中都规划有致，以街市繁华、结构华美、宫廷宏伟、苑囿优雅著称。"延亘阡陌，上切霄汉，虽秦阿房、汉建章，不过如是。"可惜，如此辉煌壮观的杰作仅存在62年，连70年产权的本都没捞回来便被蒙古军队放火烧毁。再经数百年沧桑，早已片瓦无存。

金章宗曾作过一首《建春宫》："五云金碧拱朝霞，楼阁峥嵘帝子家。三十六宫帘尽卷，东风无处不扬花。"在城墙几无可寻的今天，成为脑补中都印象的宝贵资料。

金中都既继承了唐幽州和辽南京旧的城市规制，又模仿了宋汴梁新的城市建制。坊、巷结合的格局并存于一座城市之中，正是中国古代封建城市规划由中期向后期转变的特点。

↓ 金中都是在辽南京城的基础上扩建的

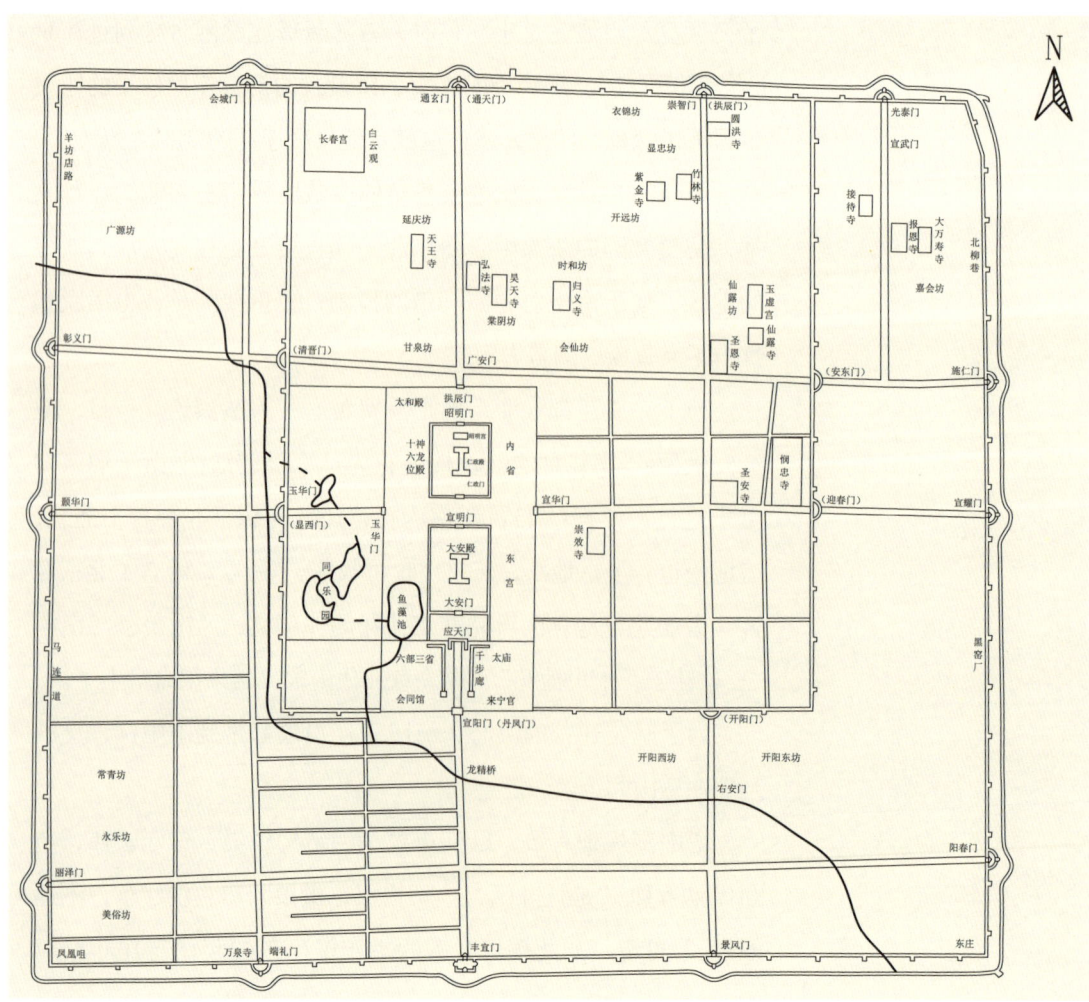

金中都不仅规模形制仿自汴京，甚至一部分建筑材料也从汴京劫掠而来。所以从建筑艺术的系统上看，北京现存的宫殿建筑，清袭于明，明沿自元，元仿自金，金又搬自汴梁。汴梁则上承洛阳与长安。脉络相循，渊源有自，这就是北京特殊的历史意义之处。

金人建中都，是"基建狂魔"的效率。两年内就修起了长约19公里、底部宽24米的城墙，城墙之下有水涵洞，沿城修了马面（一种城防设施），城外挖了66米宽的护城河。城内以道路连接皇城、宫城、兵营和坊。

1990年初，北起西便门，南至菜户营，南北纵贯金中都中轴线的"西厢工程"道路是当时仅次于亚运场馆工程的北京市重点建设项目。施工之前的考古发现了两处金中都的夯土。一处是宫城的正南门——应天门（相当于故宫的午门），另一处是宫城的主殿——大安殿（相当于故宫的太和殿），两者间的区域为大安门。

基础不牢，地动山摇。大安殿下面的夯土层有两层楼高，

→ 铜辟邪是大安殿中幄帐上的装饰部件

夯层中夹杂着大小均匀的砖块,用以坚固地基。可想而知,建于其上的宫殿会有多大的规模。

考古成果为金中都位置的确定提供了科学准确的依据。著名历史地理学家侯仁之据此撰写了《北京建都记》,立碑于今广安门外滨河公园。

大安殿发掘几个月后,丰台区某建设工地4米深的地下,工人忽然发现一些排列整齐的石板和木桩。

考古人员到现场后,发现了水冲刷的痕迹。在古代,这样的建筑物叫水涵洞,又称水关、水窦、水门,就是穿过城墙之下,供水进出的水道,是由早期城内向城外排水的管道或渠道逐渐演变而成的。

→ 水关遗址由地面石、残石壁、进出水口两侧的四摆手及之上的城墙夯土4部分组成

↑ 用铁银锭榫连接的衬石枋，十分坚固

水关位于金中都东南景风门西侧的城垣下，与城外的凉水河（当时是金中都的南护城河）相通。它表明，城内的水从北向南经过它流入河内。

虽然效率高，但质量不能含糊。金人建水关，充分发挥了"工匠精神"：先在最下层"密植"木桩，桩之间用碎石、碎砖瓦及砂土填充夯实；再在木桩之上放置排列整齐的衬石枋，衬石枋上又铺设地面石；然后将衬石枋与枋下的木桩使用榫卯结构相连，衬石枋之间用铁银锭榫连接，衬石枋与石板以铁钉相连，石板之间用铁银锭榫相连；最后在上下相叠的石板中间凿孔，用木桩像穿糖葫芦一样把石板穿起来。做成后，叫作"铁（木）穿心"。木桩、衬石枋、石板三者紧密相连，形成坚固的整体。

水关工程浩大。用了1800多根1米多长的柏木桩（柏木木质细密，不易腐朽，是我国古代大型墓葬和临水工程常用的建材，例如大葆台汉墓）、至少530立方米的青色石料、至少2500

个铁银锭榫，由此需用人工的数量也可想而知。它的底部建筑结构是现存中国古代都城水关遗址中体量最大的。

中国第一本详细论述建筑工程做法的官方著作——北宋的《营造法式》中专有一章介绍水关的做法。金中都水关同其记载中"卷輂（jú）水窗"的规制一致，是研究古代排水设施的重要实例，充分反映了我国古代水利设施的成就和高超的大型建筑水平。

水关遗址现世后，在1990年荣获全国首次十大考古新发现之一。为了保护水关遗址，建设单位让出了两个单元楼的施工面积。

金人能武能文，不仅能建水关这种大型工程，文化水平也很高，这是他们和辽人的区别。他们爱写诗，书法也达到了很高的成就。

四方形墓表（墓碑）仅此一件，又有金代的书法作品加持，

← 1995年5月1日，在遗址的基础上建立的辽金城垣博物馆开馆

← 距今已800多年的
　吕徵墓表

所以就更显吕徵墓表的重要。表顶为四阿重檐盝(lù)顶(四面坡、两层檐、围成平顶),檐雕成仿木椽状,檐角略起翘。2米多高的表身四面满刻楷书,记的是吕徵的个人简历。吕徵,北京城南大户望族,一生淡泊名利,接人待物有儒雅之风,宽以待人,严于律己。一次,开封副市长特请他去游玩,尊其为上客。但吕徵以"开封太俗"为由推掉了。他虽然常和有钱有势的人一起游玩,但从不以私事来请托。

"吕君墓表"4个篆字由当时著名的文学家、书法家,皇帝秘书蔡珪书写;楷书正文则由另一位著名书画家兼西城、丰台、石景山、海淀、门头沟等区的办公室主任(宛平县主簿)任询撰文并书写。

五、九龙山的秘密

房山区的云峰山,是金朝历代皇帝、后妃及宗室的陵墓区。山上9条山梁,似龙奔腾而下,故又称九龙山。这里古树参天,郁郁葱葱,野兽出没。清嘉庆二十四年(1819年),金世宗第二十七代孙完颜麟庆等人拜山陵,所绘《拜山图》中,还有老虎优哉游哉地在小溪旁饮水的画面。

九龙山主陵区建于金贞元三年(1155年),海陵王完颜亮将其祖父(金太祖完颜阿骨打)和叔公(金太宗完颜晟)从金上京会宁府迁葬于此。

金国虽然不是一个统一王朝,但在中国历史上的地位,却不可低估。这个只统治了半个中国的"百年王朝",其所营建的帝王陵在中国古代皇室陵寝文化中占有辉煌的一页,特别是陵寝的风水格局,堪称经典。据说,明代朱元璋在营建南京孝陵前,曾派了智谋和尚、策划燕王朱棣篡位的姚广孝等人前去考察。因为明之前的元朝是"秘葬制",没有帝王陵的规制可做参照,金帝王陵就成了很好的范本。

金帝陵有名有号的陵寝共17座。传说当年海陵王到九龙山狩猎,在山下的大红谷追一头鹿,追着追着鹿不见了,眼前却出现一座发金光的寺庙。海陵王觉得奇怪便进了寺院,但更奇怪的一幕又出现了,恍恍惚惚间,他看到金太祖、金太宗等几位逝去的先祖竟然坐在香案上。后来得知,此寺叫龙城寺,正好位于九龙山的中峰——"龙头"上。

海陵王诧异之余觉得是祖宗显灵,是大金国都城迁出阿城,定都燕京(北京),盘定中原的吉兆。这样,远在黑龙江的祖陵随都城一并迁到了燕京,陵址中心就择在显灵之处的龙城寺。金帝陵大搬家,是中国历史上规模最大的一次帝王陵整体搬迁。

但从《大金国志校证》《金虏图经·山陵》等史书的记载来看,金帝王陵的择址绝没这么简单,"虏人都上京,本无山陵。祖宗以来,止卜葬于护国林之东,仪制极草创。迨亮徙燕,始有置陵寝意,遂令司天台卜地于燕山之四周"。海陵王是命令堪舆师找了一年后,才找到龙城寺这块风水宝地的。所谓看到先祖坐在香案上,只是后世的附会之说而已。

从所谓堪舆术来说,一块上佳的风水宝地,前面至少要有两座"山",即"朝山""案山",左右还应出现"护砂"。"朝山",就是朝臣站立的地方,"案山"则是皇帝放办公桌"案几"的场所,"案"近而"朝"远。九龙山的9条山梁由高到低,依次顺势展开,中峰正前方是高耸的山壁,近处则是一处中间低平、两边凸起的山岗;东侧有连绵不断的山头,西侧则分布着

↓ 金陵的考古填补了中国帝王陵寝制度演变的缺环

多个小山包。主峰下，泉水环流，终年不息；层林重叠，紫气缭绕。这一山形地貌正好符合这些风水要义：远方高耸的山壁是"朝山"，近处低平的山丘则是"案山"，左右连绵山岗无疑就是天然"护砂"了，即"左青龙""右白虎"。所以，过去的风水先生认为，金帝王陵所在的九龙山是风水宝地中的经典，300年后也能保女真好运，兴旺发达。

由于龙城寺所在位置正是"龙头"，海陵王便把寺拆了，将太祖的睿陵、太宗的和陵（后改称恭陵）建在此处。海陵王亲自督工，6次前往视察，最长一次在山里住了半个月。他命工人昼夜赶凿山体，也不知有多少人挨了他的鞭子。3个月后两陵率先建成，进展可谓神速。此后金熙宗完颜亶的思陵、金世宗完颜雍的兴陵还有受他尊重的叔叔完颜宗弼（就是和岳飞打仗的金兀术）的陵等17座有号没号的帝王陵陆续建起来了，形成了一片帝王陵区。

历史的结果往往具有讽刺性。海陵王在苦心经营陵园之后自己却被赶出了这块宝地，未能享受他选择的风水之美。与南宋作战败逃的途中，海陵王被自己的部下杀死，当了13年皇帝后终年40岁。

金世宗完颜雍继位后，降封其为海陵郡王，谥曰"炀"，葬于大房山金陵鹿门谷诸王茔域中。时隔18年后，海陵王的恶行仍引起不满，一些官员上奏说："炀王之罪没有明确。按照晋赵王伦废惠帝自立，惠帝又重新继位，诛杀了伦，并将其废为庶人。而炀王之罪超过伦，不应当封为王，也不应当葬在诸王的坟茔区域内。"正是这一奏本，把一代皇帝逐出了金陵。完颜亮被降为"海陵庶人"后，其尸骨草草改葬于金陵西南40里的荒野中。

晚明之际，努尔哈赤兴起于白山黑水之间，多次打败明军。明代统治者听信风水之说，认为是满族人祖陵在大房山"龙脉"太盛，于是派兵对金陵进行了毁灭性破坏，甚至盖了关帝庙以镇其势。

清军入关后，修复了金陵。但历经300余年的风风雨雨和人为破坏，陵区的地面建筑已荡然无存。

1986年，考古人员在调查中发现了"睿宗文武简肃皇帝之陵"的石碑，并发现旁边有个大"坑"，当地村民为搞绿化，把它当作蓄水池。

15年后对这个"坑"抢救性发掘时，发现它很奇怪，里面堆了好多大石头，每块都有一吨重，像是在掩藏什么。一共填埋了4层270多块巨石，下面还有1米厚的夯土。考古人员把石头吊走后，果然发现了4座石椁。由于该墓位于整个金陵区中轴线上，专家们判断这个位置只能是安葬金太祖完颜阿骨打与皇后的睿陵。开棺的前一天傍晚，雷声大作，倾盆大雨从天而降。工人们开玩笑："阿骨打要显灵了。"

第一次试探性地开棺，发现里面有一顶凤冠，还闪着金光，考古队员赶紧把棺又盖上了，给领导打电话。领导正在医院住院，一听吓得直哆嗦："哎哟，你怎么把它给挖出来了！""先放回去，听听专家意见再说！"

工作人员打算把石椁运回博物馆展出。但当地百姓的态度极其强硬，就是不让拉走。最终，村民和文物部门和解了——以复制一套棺椁放在原处而告终。一年后，复制的龙椁放进地宫之际，又是刹那乌云密布，黑云滚滚，雷雨大作。工人们又喊："阿骨打又显灵了！"

房山金陵考古填补了中国帝王陵寝制度演变的缺环。为什么这么说？中国帝陵从秦始皇陵起，陵园制度大体经历了3个阶段的变化。秦汉魏晋南北朝为第一阶段，第二阶段是唐宋时期，第三阶段为明清时期。辽陵承唐制，依山为陵。元人根本不建陵。以山为陵、严格遵循昭穆制度、凿地为穴、不建墓道，都是金陵的特点。所以房山金陵的学术价值就在于它介于第二阶段和第三阶段之间的传承作用。

> **小贴士**
>
> **昭穆制度**是古代宗庙的排列次序。《周礼》记载，始祖在宗庙中居中，二世、四世、六世在始祖左边，为昭；三世、五世、七世在右边，为穆。墓地的葬位也同样以此为准分为左右次序。

六、官场中的不同命运

高尚是高尚者的墓志铭。

各种墓志铭是金代侯门、士族、基层干部的故事。

（一）驸马爷的兴叹

1980年发现的乌古论窝论父子的墓是北京首次发掘的有明确纪年的女真贵族墓葬。墓志讲述的是贵族、忠诚、大起大落……

乌古论部是女真重要部落之一，一度与皇室走得很近。乌古论部一共14部，能娶三代公主的，只有窝论家族。窝论父子二人皆为驸马。特别是儿子元忠，本来就是含着金汤匙出生的，9岁时又被养在宫中，10岁时就被皇上看中当了女婿，16岁时娶了金世宗最喜爱的长女，这个姑爷相当于半个亲儿子。

公主的母亲大美女乌林答氏自杀时，公主才14岁。从那时

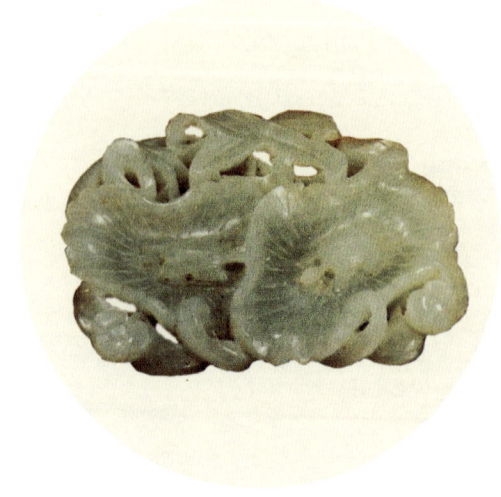

→ 乌古论窝论墓出土的玉饰中两龟游于荷叶上，下有水草、荷花。古代将这种纹饰称为"龟游"，寓长寿祥瑞之意，表明金人开始接受汉文化

起，金世宗便以家务相托，宫中的事也全部咨询她。当然元忠也不是一般人，他与老丈人可以彻夜促膝长谈，有小尧舜之称的金世宗"倚之为股肱"。世宗说："近臣中能帮我拿主意的，除了你还有谁呢？以后保卫我的活儿归你了！"

一次，金世宗秋天打猎，发现了老虎，便命士兵围起来，打算亲自射之。公主和元忠进谏，天子之尊，不宜快心于野兽，为后人效仿，成何体统？再说老虎毕竟是野兽，万一冲突起来，卫士如何护卫您？皇上听劝，最终放过了老虎。

还有一次，兵部尚书欲趁世宗去金陵祭拜时谋反，但走漏了风声。金世宗命元忠守卫。夜半，叛军发难，双方激战。面对刀光剑影，元忠和老丈人聊着天，爷俩都很淡定，"语如平素"。最终自是世宗平安返回中都。

但命运变幻无常，势力的顶峰也往往意味着衰败的到来。被通告为"强势又小心眼"的元忠即使当了宰相，还是被罢免了，并且永不叙用。

公主死后，元忠家族与皇室的纽带彻底断裂。4年之后，元忠的儿子因为"图谋不轨"而伏诛。

说到底，金皇室是以婚姻为工具维系一些强大部族才得以建立和巩固政权的。但是当这个家族的历史作用已经完成甚至形成威胁时，皇帝也就翻脸不认人了。

呜呼，兴亡可叹。

（二）1000年前的名门望族

2007年发现的吕氏家族墓志，讲述的是学霸、团队、三十年河东三十年河西……

往事如烟。五代时期，因避战乱，吕胤举家由今山东东平迁至燕地漷阴（今通州漷镇）。北漂之后，吕胤和其子吕密均以耕稼为务。吕密的长子吕德懋则基因突变,在辽统和十二年（994年）的科举中考取状元。知识改变命运。在吕德懋的示范效应下,家人也向他表示他不是一个人在战斗。其弟吕德方也"举进士甲科"。从此,吕氏家族一路开挂,从一个农耕之家逐渐发展为官宦大族。

一次,皇帝打猎,射中一只老虎,让吕德懋等人歌功颂德,足见皇帝对其文采的欣赏。他官运亨通,最后做到了宰相。

吕氏兄弟相继通过科举而入仕途,为吕氏家族的兴起和发展开了个好头。"学而优则仕"成为后来吕氏家族发展、兴盛所遵循的模式,百年未变。但大路朝天,各走一边,吕氏兄弟后人的命运并不相同。

吕德懋之子吕□□为进士,历圣宗、兴宗两朝,屡掌笔砚,思若涌泉,文不加点。吕德方之子吕士安为御前进士及

← 吕□□墓中的青瓷瓶为北京辽代墓葬中的首次发现

← 吕嗣延墓中随葬5件白瓷罐，木匣上盖麻布

第，历兴宗、道宗两朝，常为郡牧（郡的行政长官），上应君宠，下符民望。吕□□和吕士安均科举中第，沿袭了其父辈的发展模式。

之后，吕氏家族经历了辽金嬗代。这期间，吕德懋一系的孙辈人虽"皆勤习素业，绰有父风"，但未有能参加科举者，这可能与吕□□过早去世有关，"享年四十有一"。而吕德方一系之中，吕士安之子吕嗣延出名趁早，"儒业进士举""公举□昌中进士"，在幽燕地区有"学者皆称慕之，燕中为之语曰'吕嗣延不是勒头是状元，吕嗣延不是勒头是弟二'"的美誉。用现在的话讲，他是网红或流量担当。可见，自吕嗣延一辈开始，吕氏家族中两个支系的发展呈一弱一强之态：吕德懋一支自此衰落；吕德方一系却沿袭"由科举而入仕"的方式平稳发展壮大起来。

第五章 多元一统 | 173

在家族势力做背景和依托之下，由于吕嗣延等人的卓越才能以及采取了比较配合的态度，与女真贵族的统治策略和客观需求紧密结合等原因，吕嗣延很快就完成了由"辽官"到"金臣"的转变，并始终受到重用。在社会动荡、战争频仍的形势下，他不惟旧日身份，见机而作，对于保存其家族实力起到了至关重要的作用，为家族成员在金朝的安身立命奠定了基础。

吕嗣延的长子吕岩"慷慨有才干"，未参加科举，以门荫任官。次子吕介石"文行兼美，有名当世"，继承了其父以科举出仕的传统。

海陵王时，吕忠敏和吕忠翰兄弟二人一为进士，一中状元，成为家族中兴的标志。吕氏家族自此进入了鼎盛时期。吕嗣延的八名曾孙中，以吕造最为杰出，为金章宗承安年间状元。吕氏家族中连续两代人均有状元，这在辽金时期的科举中绝无仅有，一时传为佳话，故金末之人所撰《续夷坚志》便有"吕内翰造，字子成……是岁经义魁南省，词赋继擢殿元。阁门请诗，有'状头家世传三叶，天下科名占两魁'，谓其大父嗣延、父忠嗣与子成俱状元也"的记载。吕氏家族成员经年致于学，且代代相承，焉有不兴之理！

此后，吕氏家族再无人员见于史料。

说到底，吕氏家族的兴衰与契丹、女真贵族的政治取向不同有关。辽代统治者不注重科举考试，且汉化未深，各种因军功而起的世家大族如韩氏在政治上反而占有重要地位。所以吕氏家族崛起后，羽翼未丰。转到金代，统治者好诗书，重科举，崇儒术，尚文治。"终金之代，科目得人为盛"；"国家数路取人，惟进士之选最为崇重"；"惟帝王宗亲，性皆与文事相浃，是以朝野习尚，遂成风会"。吕氏家族中有两名状元、多位进士，史书中即见赞誉之词。所以后世学者称"金代文物远胜辽元"。

（三）跨越两朝的孝亲

动荡的岁月中既有煊赫长盛的家族，也有颠沛流离的家庭。

古代没有摄影技术，但这并不妨碍古人保留当时的影像。2002年发现的赵励墓的壁上绘有5幅壁画，表现了生活中的闪亮片段，分别是《侍寝图》《备茶图》《备宴图》《散乐图》《侍洗图》。那画面太美，堪称1000多年前的彩色照片。

《散乐图》中同框的6人，前后两排。后排左起第一人击大鼓，另有吹横笛、持琵琶、击腰鼓、吹竖管、击拍板。和西晋华芳墓的银铃一样，它们都是音乐史的重要资料。

墓主人赵励，山西人氏，自幼孤儿。他承叔父家教，勤奋好学。辽末战乱，国家动荡，赵励虽然在辽国考中了进士，但

← 表现6人小乐队的《散乐图》

也只能得到一个有名无实的小官。辽保大二年（1122年），赵励因兵火之灾逃避辽国乱地，挈子携家南归宋朝。当时北宋政府采取的是广为招徕陷入辽地的汉族官僚归宋的政策。赵励以公务员的身份归宋，在边境上换授了与在辽相当的官职。但他还必须再亲自到汴梁复命，才能被真实授官。可惜赵励历经颠沛流离，当他第二年五月来到宋京汴梁时，因劳累过度而感染上了疾病，六月就去世了，享年仅54岁。客死汴梁后，被葬在西郊的长庆禅院。

赵励死后，北宋政府为表示怜悯抚恤，特授他的大儿子赵亳秀为官。金国大兵压境，进至汴梁。怀着对燕京（北京）的深厚感情，赵亳秀毅然决定全家迁归燕京。由于搬家过于仓促，赵励的骨灰没能带上。但赵亳秀以在宋的官职复换了在金国之官。

13年后，赵亳秀获准给假来到汴梁，想到父亲的原葬地寻求其丧骨，无奈大军扫荡之后，长庆禅院只见一片废墟旧址、残砖乱瓦而已。当他手足无措之际，最神奇的情节来了。他与原先为赵励营造葬穴的人巧遇，这简直是有如神助呀！在这人的指引下，找到了长庆禅院原先的住持僧，并从他那里询问到了赵励遗骨的迁移地。第二天，赵亳秀与前日所遇匠人披荆棘、涉水塘，来到一地，才把丧骨掘出携归。

几年之后，母亲吴氏也去世了。这时已是金皇统三年（1143年），赵亳秀完成了父母合葬的心愿，把骨灰葬在燕城宛平县崇禄里黑山（今石景山老山）的西南隅，即今石景山八角村。

这段故事颇具传奇色彩，有始有终，确如墓志铭的作者所言"诚异事也"。

除了感慨在战乱流离的年代，弱小的百姓无法主宰自己的命运外，孝子赵亳秀千里寻父的事迹格外令人钦佩。所以为赵励作墓志铭的人实际是被赵亳秀的精神所感动，应邀作了这篇铭文，感叹道：孝悌之至，能通神明呀。墓志铭文用大篇幅歌颂了赵亳秀为寻回父丧而不屈不挠、矢志不渝的孝悌之行。本是为赵励而作的墓志，赵亳秀却俨然成了真正的主人公。

（四）怀才不遇的无奈

科举是通向成功的途径之一，但即便金榜题名，也并非都像吕氏家族这般煊赫一时。

崔宪卒于金大定二十九年（1189年），春秋五十有二。

他仕途坎坷，在殿试时"一第进士甲选"，但由于考试人员失误，没有选上，点够背的。复读后运气没那么好了，"再上复中乙选"。其实崔宪品学兼优，行为端淑，"淹贯六籍，兼综群艺"，可谓"学为人师，行为世表"，堪称淑人君子。父亲崔高，授"中宪大夫"。崔宪之次孙崔诇，善书法。

可见崔氏一门，也算得上"世业儒学"的书香世家。但比起吕氏家族，一在天上，一在地下。因此铭文中发出了"一贰小邑，两孤巍科，其如命何"的感叹。意指崔宪怀才而仕途坎坷，一生终于孝义（今山西孝义县）县丞之职，庙小还只能当二把手，可惜可叹。这些文字并非泛泛的谀墓之词，而是金代中晚期科举与官场现状的真实写照。

崔宪位卑命蹇，才高而止于副处级。如金代著名文人赵秉文评价其"声满天下，禄厥终身"。也是因为官太小，《金史》中都未载其传。若非2004年墓志在房山出土，崔氏家族的生平就迷失不存了。

七、大汗之城的荣光

13世纪，另一支北方草原的少数民族——蒙古族兴起，统一中国，定鼎燕京，北京从此成为全国的政治中心。

"董事长"忽必烈与"总经理"刘秉忠，两人放弃了老旧小区金中都，用18年时间开发了一座新的城盘——元大都。在平面布局上采用了中国传统的"面朝背市，左祖右社"设计原则的元大都，被称作"中国古代都城规划史上的经典之作"。城墙全部用土夯筑，周长约29公里（现在北京二环路长约33公里）。

新城盘为什么重打锣鼓另开张？水源应是重要的原因。一是高梁河汇集的水域可以作为城址的中心；二是便于引取西山的泉水和地表积水，远优于金中都莲花池较小的供水量，有利于开通联系全国的漕运水网（后来确实也实现了，大运河成为世界文化遗产）；三是新城址位于永定河和潮白河冲积扇的脊部，有较好的防洪和排涝条件，而金中都却容易受浑河（永定河）洪水泛滥的影响。

元大都有三分之二的城市面积被后来的明清北京城叠压，属于古今重叠类型的城市。所以元大都考古就像吃三明治，把上面的明清层吃了，才露出下面的一层。元大都的城垣、街道、河湖水系、城内建筑都是下面的一层。

如今的西直门车水马龙，动不动就堵车。元代西直门名为"和义门"，是元大都西城垣之中门。明永乐十七年（1419年）修缮后将"和义"改为"西直"。当时它的主要功能是为皇宫输送玉泉山泉水的水车专行之门，故有"水门"之称。

西直门瓮城是北京各城门中唯一的正方形瓮城。1969年，为了"破四旧"和修地铁拆除时露出了它的前任元大都和义门

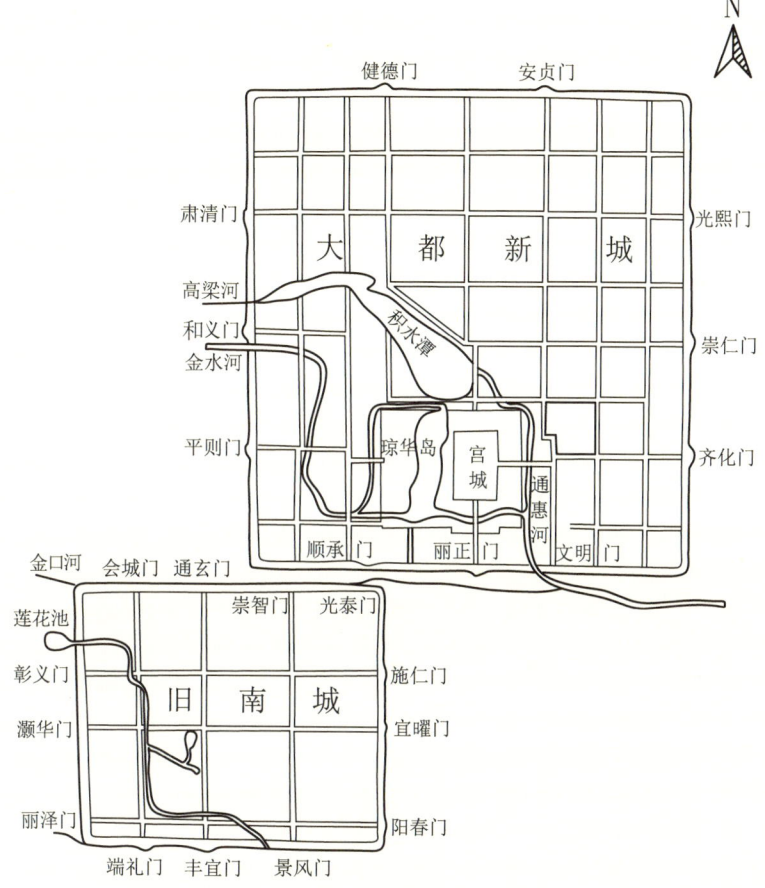

↑ 元大都是在金中都的东北另建的新城

的瓮城城门。此前关于元大都瓮城的记载很少，仅有一个西方"驴友"——马可·波罗在他的游记中写道："每门之上及城角之上，均有宏丽之殿一"，所以发现实物的重要性凸显。

元至正十八年（1358年）三月，一支农民起义军从山东进入河北，直逼大都近郊。风雨飘摇中的元朝统治者赶忙向四方征兵，同时加强大都的防御。这支红巾军在离大都100余里的枣林地区（今通州东南），遭到元军偷袭，放弃了进攻大都的计划,返回山东。朝廷仍心有余悸,害怕起义军卷土重来,下令大都11座城门都要加筑瓮城、造吊桥。这项边勘测、边设计、边施工的"三边"工程总算建成了。但和义门瓮城的发现告诉后人,当年工程质量极差,堪比现在的豆腐渣工程,甚至连地基都没有做。

瓮城门洞内有墨书,原为"至正十八年四月初十",但后来不知为什么被涂改成"至正三十四年四月初十"。元朝灭亡于

← 相当于10层楼高的元代和义门瓮城城门

→ 元大都城墙下的水涵洞，顶部用砖起券，中部装置的铁栅棍防人潜入，也能拦截杂物，相当于现在下水道的雨箅子

至正二十八年（1368年）。元顺帝北窜后二年（至正三十年即1370年）死于内蒙古的应昌。所以"至正三十四年"纯属无稽之谈。

瓮城上承门轴的半球形和《营造法式》中的"铁鹅台"完全一样。城楼的地面铺砖下有水窝、水池和流水沟。这是专门设计的防御火攻城门时的灭火设备，是建筑史上的首次发现。

雨果说过，下水道是城市的良心。元大都的良心极好。新城盘元大都，正式动工前就充分考虑了排水问题，包括且不限于下水道。

元大都城墙的顶部有大板瓦。它们既可以迅速排去城墙顶部的水，也可以防止大雨侵蚀城墙。东、西城墙北段和北墙西段都发现了用砖起券的水涵洞，当然实际上应该有更多，当夏季城内积水时，可以将水排到城外的护城河。

城内还挖了排水沟。西四路口北侧（现新华书店）地下用青石条砌筑了1米宽的明沟。在通过平则门大街路口（今阜内大街）时顶部覆盖石条，便于车辆和行人通过。

← 元代的"带货直播"题刻，介绍了作者和建造年代

有意思的是，排水沟的石壁上刻下了"致和元年（1328年）五月日　石匠刘三"。不论有意还是无心，"自媒体人"刘三都准确告诉了后人排水沟的修建年代。

1970年初，正在政治学习的考古人员突然接到报告，旧鼓楼大街豁口在修地铁的过程中发现了"青花白地的瓷器"。大家听到后，第一反应就是"这事非常重要"。因为那里是明洪武时期的城墙所在，这些瓷器在城墙之下，那地底的东西肯定要早于明代。晚期的压着早期的，这就是考古学两大方法论之一的地层学。

然而，在那个特殊的年代，当请示去现场时，得到的答复是："你们这些挖坟头儿的，一、三、五不抓革命，二、四、六拿啥促生产咧？"没办法，只能第二天再去了。问当时的工人，结果却被告知瓷器砸碎了不少。

考古人员怀着悲愤的心情，找工人借了两把铁锹，发现窖深不到半米，上面盖着一件瓦盆，里面有一些碎瓷片，另一堆碎瓷片则被扔弃在路边。他们把倒掉的土仔细筛了一遍，又找出不少碎瓷片。费了半天劲将它们粘合后，最终拼出6件影青瓷和10件青花瓷。

两件影青瓷碗的底部均有墨书八思巴文字，音译汉字为"张"或"章"。八思巴文是忽必烈命国师八思巴仿照藏文字制定的一种蒙古拼音文字，泰定二年（1325年）颁行八思巴文字的《百家姓》，并被元政府在全国推行。因此，在瓷器上以八思巴文书写姓氏当在泰定二年以后，由此便可判定这批瓷器属元代晚期。

至元十五年（1278年），忽必烈设立浮梁磁局，江西东北部的景德镇成为御用瓷器最重要的产地。优质的瓷土，加上被称为"回回青"的波斯料，使得早在唐代就已出现的青花瓷，至此盛极一时。蒙古族尚蓝尚白，传说其祖先出自苍狼与白鹿的结合，而青花瓷完美地将蓝天白雪的色彩整合为一体，故深受其喜爱。

青花瓷器中包括后来成为首都博物馆镇馆之宝之一的凤首扁壶。此壶嘴部为昂起的凤头，把手是卷起的凤尾，身上绘了一只凤凰从盛开的牡丹花丛中起飞，为国内所仅见。

↑ 元青花凤首扁壶，曾被用作邮票图案，发行于海内外

小贴士

元代青花凤首扁壶是国家一级文物。壶高18.7厘米、口径4厘米。器呈扁圆形，小口，矮圈足。底足在沙胎上挂一层很薄的护胎釉。在纹饰上，它以蓝色绘出全身，呈色浅淡亮丽。壶身以大片的青花勾画凤身，布满整个肩部。壶体中心是扑翼的翅膀，充满动感。颈部绘回字纹，技法十分随意洒脱。壶身下部是缠枝莲牡丹。整壶呈现一种凤鸟飞翔于牡丹丛中颇富情趣的情景。用凤首、凤尾构成壶的流（嘴）和柄，以立体表现手法与壶体平面绘画的凤身有机地结合，融实用与美观于一体。这种造型是晋唐盛行的鸡首壶和北方游牧民族的皮囊壶的结合。该文物现展于首都博物馆。

↑ 元代后英房四合院居址及复原图

    青花瓷是瓷器舞台上的青衣，素雅高洁、蓝色纯净。元青花是华夏文明、伊斯兰文明与蒙元文明三者的混血品种。瓷器中国造，青花料和青花技术则来自波斯。

    "素坯勾勒出青花笔锋浓转淡，瓶身描绘的牡丹一如你初妆。"若是周杰伦知道50年前青花瓷器发现的故事，他在唱"而我在等你"时，也许能够体会到考古工作者对文物的守望与不弃吧！

    居址是古人居住过的遗址。后英房元代居址位于西直门内后英房胡同的明清北城墙下。这处户型面积不小,总面积达2000平方米,对称式平面与封闭式外观并存,是标准的四合院。南北长度相当于两个胡同的跨度,由主院和东、西跨院组成,反映了元代官邸建筑的规模。

房主建房时用了不少柱础。第一种是在方石上刻出覆盆状的明柱柱础,第二种是包在墙壁内的暗柱柱础,第三种是东院柱廊的柱础。安放柱础前,先挖出方坑,坑内用一层土一层碎砖瓦夯筑,其上安放柱础。这种做法与《营造法式》上的方法完全相同。

院中用砖铺成通道。所有的墙壁不挖槽打基就平地起筑。在房梁上用黑、白、蓝三色为主绘彩画。

从50万年前北京猿人的"穴居",到7000年前北埝头人"墙倒屋不塌"的半地下"蜗居",终于在600年前后英房混上了"院居",北京古人住房的变化,究其实质是生产力水平的提高。

后英房的户主是收藏发烧友兼文艺青年。他收藏了做工精致的石砚,用红、白两色玛瑙磨成的围棋子,古象牙化石和新石器时期的石斧,光泽漂亮的海螺壳,不同形状的海贝以及作

← 后英房居址内的漆器是首次在考古发掘中发现的元代的平脱薄螺钿漆器

为摆设用的水晶石。北屋地砖上，还留下了数张用墨色抄写的曲令一类的纸。纸虽腐朽，但其中一张的字迹却印到了砖上，虽模糊，却可辨。有"娘的庞儿怎的说""娘的庞儿难来描""永不别离"等字。

留下的瓷器有青花、影青、白瓷等，包括了元大都中通用的各种瓷器。有"内府"字样的磁州窑产的酒瓶，是装内府酒的专用瓶，相当于现在的"特供"酒瓶。

漆器的螺钿片用厚度仅有0.5毫米的盘大鲍或杂色鲍的壳制成，截磨成片后，匠人巧妙地按照色泽分别镶嵌在漆面的不同位置，拼成一幅以"广寒宫"为背景的图案。一座两层的阁楼，旁边种植梧桐树和桂树，阁上云气缭绕。根据螺钿片的产地及图案所表现出的建筑风格，推测其原产地在浙江南部或福建一带。

莫怨人生来去太匆匆，多少恩怨悔恨埋在其中。如今看起来岁月静好的围棋子，考古人员却看到了600年前仓皇的离别。明军压境，主人来不及搬走他的私人物品，以至于众多的生活用品、收藏品和被拆下的门窗梁瓦，与房基一同被压在明代修筑的北城墙之下，留给了600年后的考古队员。

第六章 帝都过往

　　朱元璋建立明朝后,将大都改为北平。永乐十九年(1421年),朱棣迁都北京。经过明王朝多年的营建,奠定了今日北京城的基础,至今已建城600年。清朝立国后,续鼎北京,开创了200多年的统治。

一、道不尽的定陵

明朝共历16位皇帝，277年。其中13位葬于昌平天寿山下，称十三陵。十三陵规模宏大、建筑雄伟、布局严谨，享殿、明楼、宝城、神道、石牌坊、石刻群以尊卑有序的布葬方式，将陵区各建筑紧密相连，体现了皇家陵寝建筑群的整体性。陵区的总面积超过120平方公里，比当时的北京城面积还要大。

定陵是十三陵中规模仅次于长陵（明成祖朱棣的陵）的陵园，埋葬着明代第13位皇帝朱翊钧和他的两个皇后。万历是年号，神宗是他的庙号。明神宗在位48年，是明代在位时间最久的皇帝。

朱翊钧23岁时就开始为自己营建寿宫。定陵的建造，用了6年，动用了数以万计的工匠，花费了白银800多万两，相当于全国两年的农田赋税收入。

新中国成立后，为了进行历史科学研究，有计划地发掘了定陵。1956年5月，考古队员来到定陵宝城7米多高的城墙下。宝城是帝王陵墓"地宫"上面的城楼。他们沿着宝城走，发现离地面3米多高的城墙上方，城砖塌陷，露出了一个直径半米的圆洞。队员们搭人梯爬到洞口观察，看似一个门券。他们当即打电话报告著名考古学家夏鼐。夏鼐闻讯赶来，和大家反复研究后认为：圆洞极有可能是通往地宫的入口。事后的发掘证明，这一判断是正确的。

发掘的当天就在宝城内侧的石条上发现"隧道门"3字。挖了一个多月后，在隧道门刻石下露出了砖砌的大门，这是通向地宫隧道的第一座大门。

一个问题产生了：宝城周长750米，若循着隧道逐渐挖至地宫，不仅土方量巨大，而且将严重毁坏园内的古松。于是考古队决定，沿着宝城直挖进定陵前的明楼（古代帝王陵墓前的高楼）。

然而一个多月过去了，沟已挖至7米多深，却啥也没挖到。一些队员开始怀疑是否挖错了方向。夏鼐仔细观察并分析了现场情况，力排众议，认为方向没错，应继续掘进。不久，就发现了一块上书"此石至金刚墙前皮十六丈深三丈五尺"的小石碑。工人们的争论又来了：这是迷惑人的，还是指路石？经过讨论，大家认定，这是修墓的工人预先为方便自己留下的。因为皇帝一死，说3个月后埋，你限期挖不完，那还得了？所以，提前挖好并做了标记。小石碑指点了大迷津，人们高兴得跳了起来。

挖掘的尽头就是金刚墙。金刚墙是由大明砖砌成的承重墙，也是万历入葬时的通道。仔细勘查后，队员在墙上发现一个隐约可见的开口，这就是"金刚门"，从这里进去就是地下宫殿。从1956年5月19日考古队在定陵铲下第一锹土，到找到金刚门，花了整一年的时间。

为了记录下难忘的时刻，考古队接受了摄影师的意见，把打开金刚门的时间定在晚上，以避免深沟内极不均匀的阳光。那是1957年9月19日傍晚，夏鼐亲临现场，摄影、拍照、绘图、记录、测量、编号等各项工作的负责人员各就各位。隧道内灯光如同白昼一般。

憨直的民工听说鸡血可以避邪，能躲墓中所谓暗器，还在开门前特意宰了两只公鸡。

队长蹲在梯子顶端，手执铁铲，只等夏鼐的指令。夏鼐见一切均已就绪，庄严宣布："开始！"因为砖缝间没有灰浆黏合，队长毫不费力地将48斤重的墙砖撬开一角，抓住砖角猛地向外一拉，只听"扑"的一声闷响，一股黑色的浓雾从洞中喷射而出。紧接着又发出"哧哧"的怪声，一股霉烂潮湿的气味弥漫。

这是地宫内300多年积聚的腐烂发霉物质的气体。墙砖一块块拆下,洞越来越大。

队员用绳子把队长的腰捆上,队长背着大手电,第一个进洞。进入后,他用手电隐约看到地面上铺的是金砖(江南烧造的专门铺地的方砖)。不过上面有一层黑乎乎的东西,不知是啥。后来才知道那是铺在地上的木板,已经腐烂。

金刚门拆到两米宽时,队员们纷纷进入。穿过金刚墙,里面两扇被石条死死顶住的巨大石门挡住了通往墓室的路。

如何才能打开石门?队员们苦苦思索,终于在浩瀚的史料中找到了解决之道。据记载,明末代皇帝崇祯自缢于煤山(景山)后,昌平县的乡绅主动出资,挖开了田贵妃墓,用拐打钥匙(一种带圈的开启工具)将石门打开,将崇祯和周皇后的棺

← 宏伟的定陵地宫,全部由石结构建成,没有梁柱

↑ 孝端皇后的六龙三凤冠，总重近6斤，为定陵的凤冠之首

木移入田贵妃墓中合葬。大家从中得到启发。队长找来一根小指粗的钢筋，把顶端弯成半个"口"字形，用这一自制的"拐打钥匙"顺利打开了地宫大门。推开石门后，发现石条上墨书："玄宫七座门自来石俱未验"。原来顶门石条名叫"自来石"，还有6道石门在幽深的地宫内等待开启。

地宫距地表将近10层楼的深度，面积接近3个篮球场，由前、中、后、左、右5个高大宽敞的殿堂构成。定陵地宫里的3000余件随葬品震惊世界，最为外人所知的有缂丝衮服、百子夹袄、金冠、凤冠等。

小贴士

凤冠 造型庄重，技艺精湛。冠高35.5厘米，直径20厘米，总重2905克。龙系金制，凤系点翠工艺制成。皇后母仪天下的高贵身份得到了昭显。该文物现在定陵博物馆。

孝端皇后的六龙三凤冠，金龙腾飞于翠云上，翠凤飞翔于珠宝花朵中，共有128块宝石、5449颗珍珠。凤冠其实不只以凤为饰，说是凤冠，还是没有夺了龙的威仪。

棺床两侧的8只木箱中，装满了木俑（7箱为人俑、1箱为马俑），总数在千件以上。男女木俑雕刻精细、衣冠整齐，是明代宫廷人物形象的缩小版。马俑鞍辔俱备，形态各异。

随着万历、孝端、孝靖木棺的打开，除了奇珍异宝和袍服之外，3具尸骨身上及四周整齐密集地摆放着一层层织锦匹料，其色彩之绚丽、质地之华贵前所未见，安放在万历帝身上的就有69卷。这些织锦各自成卷，在两端和中间各用一道丝线捆住，中间捆线分开做人字形，下面大都贴有"产品质量保修书"，记录了织品名称、产地、匠作、工匠姓名及织造年月等，有的在年月上还盖有朱色印章，是研究明代纺织工业史及工艺美术的珍贵实物。

二、皇家的记忆

（一）太子墓背后的宫斗剧

2001年海淀区发现的一座明代太子墓，唤起了一部幕幕惊心的宫斗剧。

墓志的盖顶为"故皇子圹志"，志文中的"今上皇帝之长子母贵妃万氏成化二年正月十九日生本年十一月二十六日以疾薨逝"表明了墓主人的身份。"皇帝之长子"为明宪宗长子，生于成化二年（1466年），卒于同年十一月二十六日，时年不过一岁。他与考古有缘，他妹妹、姥爷、姥姥的墓都先后被考古发现了，慢慢看，就在后面。

孩子的生母贵妃万氏就是后面要讲的万贵的女儿。她是宪宗皇帝的爱妃，整整比宪宗大了17岁！万贵妃4岁时被选入宫

← 宝座、五供和万年灯，是明代皇子墓的典型案例

做了宫女，后来转而侍奉宪宗，并成功姐弟恋上位。宪宗16岁登基时，万氏已33岁。皇帝出行时，她穿着武士的服装带头进行军事操练以供皇帝娱乐，可见她情商很高，懂得如何去讨皇帝的欢心。宪宗继位之初的皇后吴氏，是个知书达理、才貌双全的女子，但并不被宪宗喜欢。吴皇后对万氏很不满，并因她的无礼而鞭笞了她。这一做法让宪宗勃然大怒，下旨废了吴皇后，另立了一位老实软弱的王皇后。此时万氏已确立了她在后宫不可动摇的专宠地位。

万氏为宪宗皇帝生了一个儿子，就是这座墓葬的主人。母以子贵，万氏因此被封为贵妃。可这个孩子不满一岁就夭折了，就是墓志中的"以疾薨逝"。此后万氏再也没有怀孕。这个心怀羡慕嫉妒恨的女人还让她的心腹宦官严密监视宫中其他妃嫔。一旦她们有怀孕的征兆，务必要使其流产。整整10年，皇帝再没有一个子嗣。

成化十一年（1475年），宪宗让宦官张敏给他梳头，他对着镜中的白发感叹道："老将至而无子！"张敏见时机到，忙匍匐地上，奏道："万岁早已有子了。"原来宫女纪氏曾被皇帝临幸而怀孕。万氏对此事有所耳闻，她派张敏给纪氏服流产药，但好心的张敏知道皇帝渴望子嗣的心情，反而把纪氏隐藏起来。孩子生下后，被废的吴皇后得知，将他们母子接到自己的住所保护。如今孩子已整整6岁。

宪宗得知后喜出望外，忙下令去接皇子。不多日，这个孩子被立为太子，就是日后继承皇位的明孝宗，孩子的母亲也被立为淑妃。但狠毒的万氏并未善罢甘休，不过一个月，淑妃就被万氏的爪牙毒死了，张敏也因惧怕万氏吞金而亡。

这座墓葬留给后人的遐想是，如果墓主人没有死去，十有八九他就是继宪宗之后的皇帝。当然如果他没有死，宫里也许会少一些受迫害的妃嫔与宫女。

除了这段宫中恩怨外,墓志中还有两个封号。一个是"慈懿皇太后",另一个是"皇太后"。"慈懿皇太后"指的是宪宗之父英宗皇帝的皇后钱氏,"皇太后"指的是宪宗的生母、英宗皇帝的妃子周氏。周氏是个刁蛮的悍妇,宪宗继位之初,她便吵着要求取得和皇太后同等的地位。宪宗左右为难,把球踢给了大学士李贤。如果是你,会怎么办?

李贤想出一条两全之计,即封小老婆周氏为皇太后,封大老婆钱氏为慈懿皇太后。这既满足了周氏的要求,又在封号上区别了两人的资历与品位。所以要想在钩心斗角的官场立好身,这和稀泥的功夫是必不可少的。

(二)恣意妄为的正德皇帝

2007年故宫西河沿发现了大片明代中期的建筑基址。故宫之外,又紧邻故宫,这是干啥用的?

← 故宫西河沿发现了正德皇帝的"廊下家"

查查明史，明中期大名鼎鼎的明武宗正德皇帝在西河沿设有一处游玩的场所，名为"廊下家"，便是此处了。

正德皇帝，其实既不"正"，也不"德"，是中国历史上出了名的玩闹皇帝，用现在的话说就是"渣男"。廊下家，本是宦官们的宿舍，但到了正德时期，忽然热闹起来。在酷爱角色扮演的皇帝的亲自指挥下，宿舍变成了集市，宦官们摇身成了掌柜。集市的货源质优量足——都是来自各地的贡品。当朝天子朱厚照率先垂范一身商人行头，一本正经地与各掌柜讨价还价。掌柜们也都非常入戏，与皇帝争得不亦乐乎。常常为了蝇头小利，到集市仲裁官那里讨公道。

朱厚照沿着街市一路交易下来，早已精疲力竭，于是钻进路边的廊下酒家。这里更是火爆，有唱小曲的、斗鸡的、玩狗的、耍猴的、演马戏的，还有风情万种的老板娘当街卖酒。当然，所有人其实都是客串演员，但对于宦官和宫女们来说，还有什么比伺候皇帝高兴更神圣的任务呢？

这里卖的酒可不一般。明代廊下家沿街种了很多枣树，宦官中有精通酿酒技艺者，用熟透的枣做曲酿酒，香甜怡人，称为"廊下内酒"，流传到宫外，成为京师名酒之一。如今若是哪家酒厂有兴趣，开发出以"廊下家"为名的枣酒，必会名利双收。

酒肆里早有一帮男女喝得兴致盎然，年轻的皇帝也不摆什么架子，混进众人当中，划拳行令，认赌服输，最后酩酊大醉，倒头便睡，睡醒接着玩。有时一连几天都不回内廷，害得一班后妃独守空房。

一处房址的砖上戳印有"卍"字纹，"卍"字纹一般认为是佛教的标志。《明宫史》："自北而南，过长庚桥至御酒房后墙，曰长连，可三十一门。再前曰短连，可三门。并玄武门东计之，通共五十四门，总曰廊下家，俱答应、长随所住，各有佛堂，

→"卍"字纹砖证明"廊下家"内建有佛堂

以供香火,三时钟磬,宛如梵宫。"记载了"廊下家"内确实建有佛堂。

这一发掘,仿佛让人们想起当年那个淫乐嬉游、纵情声色的荒唐皇帝。但传说故事终究湮没于古老遗迹之中。

(三)公主墓后的骗婚故事

2008年6月,朝阳区的一座明代公主、驸马合葬墓浮出水面。别的文物都是从土中挖出的,它怎么从水里来?

那年夏季,短短十几天内,下了四五场大雨。往往是刚把墓葬清理干净,正准备绘图、照相,大雨就不期而至。墓砖之间是用三合土封填的,防水性极好,每次一下雨里面都成了小水库。到最后,人工淘水也太慢,干脆用挖掘机淘水。

↑ 古墓的防水性太好，每次下雨都积了大量水

墓主人为明正统皇帝的三女儿德清公主，就是前面提到的夭折太子的妹妹。她于弘治九年（1496年）下嫁林岳。孀居31年后，薨于嘉靖二十八年（1549年），"葬顺天府大兴县魏村社十里河"。

墓志记载，公主"恪遵训戒，孝敬仁慈之德著闻戚畹"，驸马"为人温雅，不欲以富贵骄人"。想必这人品好的两口子婚后生活也很幸福。不过，虽然德清公主贵为金枝玉叶，但皇二代的订婚却不像大多数人想象的那样高枕无忧，甚至连一帆风顺都谈不上。她与家世一般的林岳的结合是明代中后期公主下嫁平民的典型例证。草根能攀上皇亲的经过，看似"灰姑娘"的童话，却有些让人哭笑不得。

在明代，公主的人生大事由太监打理。太监"掌一应选婚、选驸马、诞皇太子女、选择乳妇诸吉礼"。这使得一些富家子弟不惜重金买通某些贪婪的主婚太监,以期成为荣显至极的驸马。

弘治八年(1495年),富二代袁相大肆贿赂太监李广,以图娶一位公主为妻,其司马昭之心自然不用多说。这时已是明孝宗继位。于是,李广利用孝宗对自己的信任,极力推荐袁相,袁相成为孝宗的妹夫指日可待。不料,却有正直之士,告发了李广和袁相的交易。孝宗当然不能吃这个亏,大骂了袁相一顿。这时,袁相和德清公主早已定好婚期,但孝宗仍然下旨废了袁相的驸马名号,并要求重选驸马。德清公主幸免于成为金钱的交易品,并重新选中了林岳,才成就了这段姻缘。

这段曲折的经历在充满溢美之词的墓志中只字未提。每当后人读到志文中的公主和驸马"安享贵富……善教诸子孙,诗礼彬彬"时,只能感慨他们的结合是好事多磨。

→ 记载了公主生平的墓志

除了明弘治皇帝险些稀里糊涂地当上大舅子外，明代还有明宣德皇帝选驸马时被太监侯泰欺骗、明神宗的妹妹被大太监冯保骗婚。但以上3人中，最后只有侯泰"有罪下狱"，李广和冯保都没有受到任何处罚，特别是德清公主这场严重违纪风波的始作俑者李广什么事没有，只让太监萧敬当了替罪羊。李广的骂名是"选婚不谨"和"致有人言"。前者确实无疑，后者其实是十分牵强又可笑的理由。换句话讲，骂你是因为这件事让外面的老百姓议论纷纷，丢了皇家的脸面。这不禁让人猜想，要是没人议论呢？是否就可以不了了之了！可见，太监在公主的婚事中做手脚，即使最终败露，所冒的风险成本也很低。

什么原因让这些富家子弟胆敢在娶公主这样的事情上铤而走险？因为公主享有丰厚的庄田，驸马可以获得特殊的地位。驸马尚主之后，他的家人也可以得到一定的爵赏。所以，诸多民间富男往往被巨大的经济、政治利益吸引，从而不择手段争当驸马。

太监们敢于营私舞弊，是因为可以从中渔利。他们觉得选谁不是选，选个有钱的还能借机捞一把。于是借选驸马之机牟利，对贿赂行为起到了推波助澜的作用。

中国古代的婚姻是讲法治的。明代订婚过程中主婚人的作用是绝对的。皇帝不可能亲自出马成为自己妹妹的主婚人。于是，经办的主婚太监就成了执行主婚人，也就给了他钻空子的机会。

这些事件，属于国家工作人员受贿和渎职。它不光使公主个人的婚姻幸福成为权钱交易品。更甚的是，它破坏了正常的驸马遴选的政策、标准和程序，使得皇家规章成为一纸空谈。千里之堤，溃于蚁穴，大风起于青萍之末。大明朝也就在你骗我骗之间走向了末路。

"袁相们"为了攀亲皇家，捞取政治资本，向主办人行贿。

其方式是排除竞争对手，故意采取不正当行为。太监们则是事件中的"办事员""经手人"，借手中的权力敛财，又无人监管，从而造成一出又一出的闹剧。以权谋私、中饱私囊、阳奉阴违，所以难逃其责。

一座明代古墓，一段尘封往事，一项婚嫁制度，一曲警世之歌。

（四）23年才入土的皇帝舅舅

中国人讲究"入土为安"，去世之后早些埋葬是安息亡故之人的最好方式。然而有这样一位，从去世到埋葬等待了23年，足足经历了一代人。更不可思议的是，此人还是皇帝的舅舅！

2007年北京西站附近某工地施工中，挖掘机手发现了一座古墓。玉带、玉花、金玉簪、金耳坠、银锭、珍珠等珍贵文物刺激了文物保护意识不强的工人。白天，他们把古墓盖上，晚上就去抢东西。分赃过程中，一些认为分少了的工人愤愤不平，向派出所举报那些分赃多的工人。分赃多的工人反过来供出了余下的工人，最后落得全部银铛入狱的下场。

古墓的主人是明代万历中军都督府左都督（相当于现在的中部战区政委+司令）李文贵。李文贵是万历皇帝生母李太后的兄长。所以当时有家报纸在报道时，用了《西客站跺跺脚，万历皇帝睡不着》的标题。

虽说是皇亲国戚，但古墓的等级并不高。李文贵的父亲武清侯李伟（万历皇帝的姥爷）的墓，是在西郊八里庄被发现的。爷俩都是竖穴土坑墓葬，一棺一椁。这说明，除爵位、品秩决定墓葬形制外，家族习惯也是影响因素。

李文贵原籍山西平阳翼城（今山西临汾市翼城县），高祖李政，从永乐皇帝起兵南下反抗建文帝，定居漷县（今通州漷县

→ 李文贵的墓志盖，介绍了他的官职

镇）。曾祖李纲、祖李玉，皆因李伟侯爵赠武清侯。父李伟，进武清侯，卒后赠安国公。李伟长子文全、二子文贵、三子文松，万历皇帝生母慈圣太后为长女，另有一次女。

李文贵先是因为外戚的身份被授锦衣指挥。《皇明异典述》记载："万历十年（1582年）……指挥李文贵俱升左都督。"而据墓志，李文贵于万历十二年（1584年）加升中军都督府左都督，所以可能是前者记错了。

朱元璋初设行枢密院（相当于现在中央军委）自领兵事，又置诸翼统军元帅府，不久罢枢密院，改置大都督府。后来又改都督府为中、前、后、左、右五军都督府，每府设左、右都督各一名，官居正一品。

万历十四年（1586年），圣驾亲阅天寿山皇陵工地，命李文贵兄弟处守京师，志文的日期与《明神宗实录》和《明史》中的不同。后两者都记此事发生于万历十三年（1585年），因此《明神宗实录》和《明史》的记载可能有误。

李文贵生前为皇亲国戚，位极人臣，但仍谦虚谨慎，不耽于声色犬马。当时的官场将他比作西周名臣申伯、汉时名士阴长生和马明生。即使到了生命的最后一刻，李文贵仍整冠束带，危坐中堂，让家人叫来哥哥说："我的病治不好了。我享受了很多富贵，但没有什么功劳，十分过意不去，皇上的大恩尚未回报，怎么能让我瞑目呢？只有希望你实现了！"语毕而卒，至于家中诸事、幼子，一句未提。

李文贵"仙去于万历十六年（1588年）二月初六日"，由于李太后痛惜他的去世并虑及他是中年早逝，决心要为他找一处风水宝地，多年后才在广宁门（清代因避道光帝爱新觉罗·旻宁讳而改为广安门）外找到符合条件的墓地，后来又赖李太后资助建造两年才完工。再经过卜算，其下葬的佳期是"万历三十九年十二月十九日"，所以直到23年后的1611年李文贵才入土为安。

（五）碎金之谜

西城区前毛家湾胡同是一条长约360米、呈东西走向的胡同。1号院位于胡同东北，这里由于曾经是林彪的住所而被披上了一层神秘的色彩，历来闲人免进。但一次偶然的发现使它成为人们议论的焦点。

2005年夏的一天，下午5点，正准备下班的考古人员接到报告，毛家湾1号院铺设暖气管道时发现了古代瓷片。这一地点距离明皇城的西墙很近，旁边的北京四中、德外大街在施工中都曾发现过古代瓷片，所以起初人们对这里也有古瓷片并没有特别惊奇。

出现在眼前的是约5平方米的一层瓷片。由于面积不大，估计一天的时间就能清理完。但干了两天，还是无穷无尽，没有见到埋这些瓷片的坑的底部。这个现象引起了考古队的重视，意识到可能是一个重大的发现。

最后的结果超出大家的想象。

这是一个人工挖成的大坑。平面约40平方米，里面的瓷片厚3米。层层叠叠、密密麻麻！考古人员连续挖了9天，用了1300个大号储物箱，足足装了11辆卡车，才把这数百万片瓷片全部清理完。

经过两年没日没夜的整理，前毛家湾胡同的考古报告出炉了。据说连潘家园的文物贩子都要据此报告讨论所卖瓷片的年代，争执瓷器的价格。

这些瓷片属于隋唐至明中期，主要是明中期。包括景德镇窑、龙泉窑、钧窑、磁州窑等多个窑系，汇集了元、明两代主要的瓷器品种，景德镇青花瓷片最多；绝大部分是民窑产品，个别出自官窑；普遍带有摩擦、磕碰、锔补等使用痕迹；涵盖

← 前毛家湾胡同瓷片出土现场，有密集恐惧症的小心

← 前毛家湾胡同出土的白釉黑花瓷塑小狗，属磁州窑产品

了日用瓷、陈设瓷、建筑瓷等范畴。数量之多、窑口之众、器型之丰、釉彩之美，为近年考古界所罕见。

海量"毛片"集中在一起，令人百思不得其解。有人认为是地震所致，也有人认为是古代的垃圾分类，还有人认为是漕运产生的。

清代《京师坊巷志稿》记述，明代毛家湾胡同南部有不少手工作坊，需用大量瓷器做工具，还有一些较大的瓷器店。史载从明初到正德年间共发生过37次地震，破坏力很大。所以，地震可能是造成瓷器损毁的重要原因。地震中货架上的瓷器掉地上摔碎，被统一掩埋。

另一些人认为瓷片可能是古代的垃圾分类。理由是瓷片有使用过的痕迹。同时，毛家湾胡同在明代是吉庆坊。《明史》记载，正德皇帝在吉庆坊建皇家酒吧搞party，会对这一地区平整土地——类似于现在的拆迁。拆迁之后，老百姓日常生活的瓷器被打碎集中处理掉了。

"垃圾说"还有一种官方的可能。明代毛家湾胡同北面的机构称为太平仓,本是一座由户部主管、正德皇帝赐名的官仓。正德皇帝后来又把它改为"镇国府"。这又是个什么样的机构呢?

正德皇帝朱厚照,就是前面说过的胡闹皇帝。广为人知的是他出游大同府梅龙镇时,正经事没干去泡妞,巧遇民女李凤姐,上演了一出《游龙戏凤》的风流喜剧。他在大同还干了一件事,就是把那里的数万精兵带回北京,兴之所至时就去巡视一番。将太平仓改为镇国府的目的,就是安置奉调进京的官兵。正德帝也打算给自己封一个"镇国公"的头衔,那个"镇国府"是为日后当上"镇国公"预建的。

数万骄兵悍将,驻扎在镇国公府及其附近,除例行操练外,肯定是大碗喝酒,大口吃肉。吃饱了,喝足了,乘醉闹事,摔盘子打碗,应该是他们的家常便饭。因此,这一带的破盘子破碗特别多。近10年下来,破瓷片堆积如山。正德皇帝崩于京师豹房后,官兵被遣返,镇国府改回太平仓,守仓官兵肯定会做一次大扫除。于是他们把积攒多年的破瓷烂瓦,一股脑儿全运到今天的前毛家湾胡同1号院附近,挖了个大坑统统掩埋了。

还有人认为与漕运有关。从毛家湾胡同这一地名来看,有可能是河道上的码头。在古代城市的建设过程中,码头的地点随之改变,因此在运输中产生的商业垃圾就会被掩埋。

但是,无论哪种说法都有不能自圆其说之处。例如镇国府垃圾说,毛家湾胡同的瓷片跨越的年代长,而镇国府不到10年,时代上不可信,这是其一。其二是毛家湾胡同瓷片的种类较多,如香炉等,与官军常用碗盘的情况不符。其三是这些瓷片虽以民窑为主,但亦较精美,也与官兵的身份不符。因此这一谜团至今未解。

三、宦海沉浮录

太监,又名寺人、宦官、中官,是中国古代封建社会中的一个特殊群体。有明一代,阉党专权,明朝的灭亡与之有着直接的关系。宦官大多在京终老,因此北京的太监墓数量颇丰,尤以海淀、石景山两区最多。在北京做考古,如果没挖过太监墓,简直是不好意思。当然太监墓多,主要和明清帝有关。这也是北京皇都的物证反映,形成一种独特的文化现象。

一些影视作品中,太监往往被刻画成骄横跋扈、心理变态之人。其实也不尽然,太监群中也有一些德才兼备的好人。

(一)三朝不倒翁

2002年海淀区发现的万历时期的赵芬墓,墓中随葬的铜罍、瓷瓶、紫砂壶、紫砂杯、玉带等颇有品位。

铜罍器形硕大,周身饰饕餮纹,是商代青铜器的精品。明

→ 赵芬墓的墓门口有块挡门石

代的太监怎么会有商代青铜器？可能是皇帝赏给他的，也可能这是一个爱好收藏的太监。瓷瓶为黄、绿釉掺杂。绿者称茶，黄者称末，古朴清丽，颇似茶叶细末，俗称"茶叶末釉"。明代御器厂所产茶叶末釉，称为"鳝鱼黄"，釉色黄润，带黑色或黑褐色斑点，像鳝鱼的皮色。《陶雅》中称"鳝鱼皮以成化仿宋者为上"。4只紫砂杯底面各印一字，依杯子从大到小依次为"礼""乐""射""御"，这是儒家六艺的内容，另两艺为"书""数"。所以，这是一个爱喝茶的儒家太监。

赵芬，真定赵州人（今河北赵县）人。幼时聪明，父母因听信算命人的话，将其变为太监。由于相貌清秀，被以貌取人的正德皇帝看中，选入太监高等专科学校内书馆读书。嘉靖时期，赵芬因才德出众，步步高升。嘉靖视其为亲信，一再赏赐财物（也许青铜罍就是这个时候赏的）。遇到凤阳守备（凤阳军分区司令）一职出缺，即派其出任。在此任上，以廉洁勤政获得了极高的声誉。隆庆皇帝即位后，由于供职忠勤，他更受恩宠，曾奉诏代帝到武当山祭拜真武大帝。

因病回京城调养时，此时已换作万历皇帝。皇帝依然信任这位老牌太监，数次去看望他。并许他在皇宫内骑马，命他教小太监经书，免去他在三伏酷暑和腊月寒冬上朝赞礼（一种特定仪式）的劳碌，年老后准许在私家宅第中休养。皇帝听到他去世的消息后，为表彰他的功绩，下诏赐宝钞为殡葬增光（这也是墓葬中有大量铜钱的原因）。

尽管墓志中不乏溢美之词，但赵芬历经三朝屡受重用，这不是光靠颜值能管用的，一定是他对工作勤勉的态度、廉洁奉公的品行起了决定性的作用。

以赵芬的地位和享受的特权，在明代太监中也是很风光的一位。《明史·宦官传》中却未收其传。这座墓葬的发现也算是补上了这段缺失的记忆吧。

（二）鉴定家与工程师

太监钱义，史书无载。根据20世纪80年代五塔寺（真觉寺）西考古出土的墓志所载，他生于明宣德九年（1434年），年仅4岁时便与3位兄长一同进宫。

他赋性警敏好学，侍奉太子朱见深（后来的宪宗）后，白天黑夜都忠于职守，不敢松懈，即便有空，也诵读佛经。他在御用监上班，场面上镇得住，能够操办宴席，招待客人，应对礼聘诸事；还因精通佛经和道经，皇上命他祈佛、求道，也能"累有感应"。

同样是太监，但太监与太监之间的差距怎么就那么大呢？有的太监是阿混，而钱义却是复合型人才。他不光是朝中古今奇异器物、名人字画的鉴定行家，还是工程建设的行家里手。因为是专业性技术人才，所以受到了皇室的重用与赏赐，"蟒衣、玉带、禄米、金币、宝锭、图书、玩器不一赉予也"。虽然在皇帝面前是红人，但他"人见有侮，略不与校，有私谒，悉拒不纳，矧操廉介，每令评物价，纤毫无所私"。钱义，钱义，虽有钱，但有义。

钱义因为会干工程，所以奉皇帝之命代建真觉寺，前后参与工程长达9年，最后竣工。一个太监，能负责这么大的工程，一是说明皇上对他非常信任，二是说明他确有能力。而钱义也成为交趾（今越南）籍阮安后又一位参与主持皇家工程的太监。

刘若愚的《酌中志》载："中官最信因果，好佛者众，其坟必僧寺也。"施工过程中，他要求身边的郭润、柯兴两位小太监将他死后葬在他生前建造的真觉寺，而二人确也实现了他的夙愿。

（三）"小金库"的大管家

2010年，石景山隆恩寺东出土了明代司礼监太监郑真的墓志。

郑真净身之初，养育在司礼监秉笔（大致相当于现在的办公厅主任或领导秘书）张钦名下。码头拜对了，日后发迹的路就顺了。师父张钦，很受嘉靖皇帝宠遇。嘉靖对心腹太监极为照顾，曾任命张钦的家人李贤为锦衣卫指挥，李贤死后，又子承父业。太监阶层非常讲究垂直的师徒关系，张钦是皇帝的心腹，郑真投靠了他，就等于投靠了皇上，从此走上了一条其他宦官无法比拟的捷径。

张钦去世后，郑真又被派到另一位司礼监秉笔温祥名下，温祥也成为他的第二位嫡传师父。正德皇帝驾崩之际，擒杀意欲谋反的江彬时，温祥立过大功，为嘉靖帝入嗣大统扫清了障碍，所以得到嘉靖帝的重用。温祥还是全国重点文物保护单位承恩寺的创建者，正德帝赐额并敕谕不得侵占庙产、蠲（juān）免赋税等。可见，温祥与张钦一样位高权重，对郑真日后升迁极为有利。

在两位司礼的栽培下，郑真被选入内书馆，做了赵芬的师弟。内书馆由大太监王振首创，是司礼监下设的宦官读书专门机构，只有聪慧的小太监才能被选入。两年后，郑真被提拔为文书档案管理员，由此精于公文办理。

由于身躯伟壮有力，郑真又被任命在圣驾外出时负责抬弓箭、赏赐用箱等事项，兼夜间巡视火情、护送赏赐之物和藩王贡品等。嘉靖二十一年（1542年），发生了"壬寅宫变"，皇帝险被宫女杨金英等缢死后，加强了贴身护卫，魁梧的郑真被选中做太监保安队长，专管皇帝外出时的安全。

他也曾奉命外出河南公干，所经无扰。上嘉其廉，又升了官。嘉靖在位年间，郑真从没有名分的小白丁，晋升为厅局级干部，上升速度犹如火箭。

隆庆皇帝爱惜其勤勉，依旧重用，派往山西晋府出差。郑真出宫不事张扬，沿途不扰民，办事得力，"美誉升闻"，"龙颜大悦"。

随后，郑真又被委以重任，负责太子居住的东宫安全。当好小太子的贴身保镖，还辅佐他通晓事理，这与宣德朝太监王振的身份十分相似。

郑真谨慎操劳，太子茁壮成长，隆庆皇帝非常满意，特赐蟒衣、玉带，这是超过常规的特例，因此满朝羡慕。隆庆皇帝在位6年，郑真的职位升成实职正厅级，从前任皇帝的宠臣过渡到下任皇帝的贴身护卫。

当年的东宫太子登基后成了明神宗。皇帝感念旧情，晋升郑真为司礼监秉笔，班次仅次于冯保。司礼监秉笔如同外朝的次相，不但要字写得好，还要知识渊博，挑秉笔太监，就像选拔进士一样严格。受皇帝恩准特批，郑真在宫内可以穿"坐蟒"服，坐小轿子。

万历年间，郑真掌内府供用库。这是皇帝的"小金库"之一，皇帝任意支取，朝臣无权监督，漏洞颇多，掌管内府供用的必是皇帝最倚重的心腹。

纵观郑真40余年的宦官生涯，历侍嘉靖、隆庆、万历3位皇帝，始终在司礼监任职，其位高权重不亚于大太监田义。

墓志撰文者为礼部尚书武英殿大学士徐阶，书丹（用朱砂直接把文字写在碑石上）者为嘉议大夫工部左侍郎王槐。一位阁老、一位廉吏，由此也能看出他的地位实在不低。

当然，墓志中也有溢美之词，说皇上嘉其廉，他掌管内府供用库时"为国惜费，任怨自若"。不过,《明史纪事本末》载："万历十年，居正故。御史李植、王国，郎中陈希美，尽发保奸贪妆。……故太监郑真、曹宪、孟充、王臻家资金银重货，悉输保宅。"所以说他廉洁恐怕也不尽实。

四、公务员，性格决定命运

如果说考古发现的是历史密码，那么古人就是密码的创造者。封建国家的治理是通过层层相叠的官僚框架和大大小小的官吏实现的。中小级官吏，官不大，但事关统治的政通令达，是基层政权的螺丝钉。于是，文臣武将登上历史舞台。

（一）葬在平民墓里的国丈

1957年的一天，东庄农业社一个社员在自家院子里挖菜窖，挖着挖着，土里突然冒出来不少石灰。好奇的他赶紧接着往下挖，没多久，一堵用青砖砌成的墙赫然出现在面前。他估摸，自己八成是挖到古墓了。于是赶紧报告文物部门。

这个地点位于右安门外关厢，东距永定门火车站一里，北距南护城河约半里。考古人员到现场后认定这是一座古代的砖室墓。墓的规模不大，看样子是一座明代的民间墓葬，墓主人顶多是一个家境殷实的老百姓。这样的墓一般来说没有什么太大的考古价值，可是等把墓室里的棺材打开，所有人都"哇"的一声，吃惊地瞪大了眼睛。

原来，棺材里居然摆满了金光闪闪的陪葬品。可惜那个年代的照相机还没普及，没能留下开棺现场的任何影像资料。好在陪葬品都在，收藏在首都博物馆。

墓主人尸骨周边放了装有红蓝宝石的金盒1个、金壶1把、金海棠八角盘2个、金锭20个。脚下则置放银壶、银洗盘各2个，银脸盆1个，内官库制造的银元宝8个。尸骨下还压着垫背大金钱20个。

这些金器先不说文物价值，光总重量就超过了10公斤！除了金器，棺材里还发现了另一样宝贝——一只玲珑剔透的白玉酒杯，跟它比起来这些金器又只能算是小巫见大巫了。这家伙牛在何处？

第一，它的位置很特别，前面那些富丽堂皇的金器都被摆放在墓主人尸骨的四周，唯独这只玉杯被放在了胸前。可见它一定是墓主人生前的心爱之物，所以死了都要爱。第二，这只玉杯的个头不小，高7.7厘米，口径有8厘米，加上杯耳超过10厘米。可这么大的玉杯竟然是用一整块和田羊脂玉雕刻而成，没经过任何拼接，而且杯子上也没有一点细小的裂缝和瑕疵。第三，杯耳与众不同，造型是两条活灵活现的螭（古代传说中没有角的龙），螭的前脚扒在杯沿上，后脚和尾巴则紧紧抵在杯壁上，像是使劲想跳进杯中痛饮里面的美酒。

龙纹金酒壶和螭耳玉杯都是皇家用的东西，能用这些东西陪葬的墓主人就算不是皇帝皇后至少也应该是个王爷之类的吧？刚开始考古人员也这么想过，可后来仔细想想觉得又不太可能。在礼法森严的封建社会，王侯的墓能建多大、官员的墓能建多大、老百姓的墓又能建多大都有严格的规定。这座建了个老百姓的标准，却陪葬了皇家用的无价之宝的古墓，主人究竟会是谁呢？

旁边还有一座一样大的女主人的墓。墓内有蟠龙金手镯2只、刻有"明永乐年官库造金局"字样的金嵌宝石头花10支、金戒指5枚、金耳钳2枚。

为了弄清墓主人的真实身份，考古人员把墓室翻了个底朝天，终于在棺材底下的泥土中发现了他们想要的东西——墓志。

墓志告诉人们，墓主人是明成化年间万贵及妻王氏。那么这个万贵又是何许人也？

万贵乃山东诸城人，年过20连个秀才也没考上，于是父母在县里给他买了个小官。可是好景不长，几年下来父母、妻子

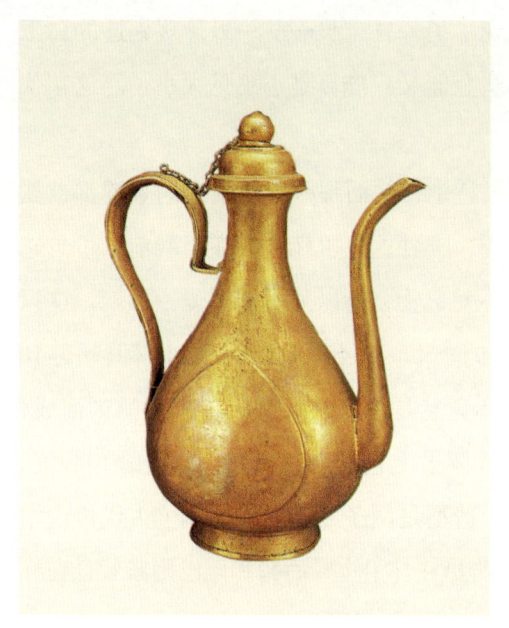

↑ 万贵墓出土的金执壶，修长、奢华，彰显主人身份

→ 流光溢彩的双螭耳白玉杯是明代玉器中的精品

相继去世，只留下一个4岁的女儿万贞儿和他相依为命。但是霉运并没有就此停止，不久他又因县里的贪污案受到牵连，被发配边疆，所以被迫把万贞儿送入宫中。

不料20年后万贞儿竟然从宫女变成了宪宗的皇贵妃，万贵不但由囚犯变成了国丈，还妥妥当上了锦衣卫指挥使。

万贵的父亲有先见之明，给他取名万贵，孙女日后果然成了万贵妃。万贵妃"机警，善迎帝意"。一人得道，鸡犬升天。因为这种皇戚关系，其父万贵及兄弟都封官加爵，万贵得到很多赏赐。所以墓中出现大量黄金、玉器就不奇怪了。

"父子兄弟贵震一时"，地位可谓荣显。《长恨歌》中"姊妹弟兄皆列土，可怜光彩生门户。遂令天下父母心，不重生男重生女",在700多年后的明朝又得到了重现。

奇怪的是,万贵既然是身份尊贵的国丈,为什么会葬在普通百姓规格的墓里呢?原来这和他儿子有直接关系。万贵除了有个女儿外,当上国丈后娶了一个小老婆,生了个儿子名叫万通。万通长大后仗着他爸欺男霸女,没少干伤天害理的事。宪宗皇帝和他姐姐死后仍然不收敛不收手,于是被新皇帝拿下斩首。由此万贵也受到牵连,被削去了一切官位,降为平民。所以才有了小墓藏了大宝贝的怪现象。

有意思的是,前面讲过的让万贵荣华富贵的外孙子(太子墓背后的宫斗剧)的墓也被考古发现,但那已是40年后的事情了。

(二)封侯却不必万里驱驰

2007年朝阳区发现的昌宁侯赵胜夫妇的合葬墓是"侯"级墓葬的代表。

《明史·赵胜传》中,赵胜被评价为"屡督大师,未见敌,无功,夤(yín)缘得封,名大损"。夤缘乃攀附权贵之意。清代《钦定续文献通考》也认为"按孙镗传言镗封伯时,董兴、曹义、施聚(此人后面会讲到)、赵胜皆冒封予世券。考胜是时仅超迁都督佥事,其后胜屡督大师,未见敌无功。成化十九年(1483年)之封,以夤缘得冒边功耳"。对他无功受封的评价都不是很高,甚至有些嘲讽。

据王世贞《弇山堂别集·永乐以后功臣侯伯年表》的统计,在明宪宗统治的23年中,进封了10个爵(世袭的除外)。其他人所授爵位均有军功,唯赵胜屡次征伐劳而无功,却也能封伯赠侯。古代武将能封爵是非常荣耀之事,但是墓志中仅用"敕封"2字,并未言明因何得封,似乎也底气不足。

《弇山堂别集》中又说"赵胜以修京城功,封禄一千石,流爵。二十三年薨,孙鉴为指挥使"。明王圻撰《续文献通考》也说赵胜因修京城有功而得以封为伯爵。

确实,明宪宗刚继位就让赵胜"进阶荣禄大夫,褒荣三代",其后屡掌京营、佩印征伐、营建万贵妃(前面讲到的万贵的女儿)墓等。朱永等备受宪宗宠信的3人为其撰文、书丹,说明赵胜在朝内与同僚的关系非常密切。赵胜的姻亲也不乏世爵世禄的高官显族。但无论是"拍马屁说"还是"干苦活说",都是一些外在表象,恐怕不是他封伯的真正原因。

赵胜的墓志解开了他的命运之谜。

墓志记载"帝曰汝胜,久树勋绩。予维汝嘉,其进封伯。公拜稽首,曰敢忘德。报德维何,委身勠力。营星俄陨,尚劳敦役"。可见,这种任劳任怨、老实听话的性格深得皇帝的赞赏,恐怕才是他能够屡屡升迁的重要原因。他在68岁高龄时,还在亲力亲为修万贵妃墓,不幸坠马而亡,也是这种性格的深刻反映。

(三)"伯"级武将的爷俩

公务员的队伍中,有文官也有武将。2005年朝阳区发现的怀柔伯施聚爷孙的墓葬是"伯"级武将墓葬的代表。

施鉴,字彦明,成化二年(1466年)袭"怀柔伯"爵位。因"中风疾,医弗奏效",卒于南京私第,享年56岁。

施鉴的爷爷施聚,生于洪武己巳年(1389年)。20岁时袭其父金吾右卫指挥使一职,历任都指挥佥事、都指挥使、右军都督佥事直至左都督,一路走来"皆以军功进"。英宗复辟后,被封为"怀柔伯",赐铁券。卒于天顺六年(1462年),得寿74。死后加封"怀柔侯",谥"威靖"。《明史》和《明英宗实录》

中都有他的生平事迹。

施聚和夫人李妙明，同年生同年卒，仅"差小月余耳"。施聚死后不久，夫人"以夫子殁感疾"而终。

施鉴死后，朝廷"辍朝一日，赐葬祭如例"，由工部按定制营建坟茔。所以，施鉴墓是明代中期"伯"级武职的通行定式。这种竖穴土坑墓，与砖石结构平面呈"工"字形的嫔妃墓（如海淀董四村嫔妃墓）、砖室外裹三合土浇浆的外戚墓（如南苑苇子坑夏儒墓）以及砖石结构分前后室的太监墓（如香山饭店刘忠墓），分别代表了明朝北京不同社会阶层的墓葬规制。

墓志记录了自施聚曾祖至施聚四世孙连续8代主要家庭成员的状况。施聚的后裔，多在军队中担任中下级军官，其姻亲也多为中下级军官。这些内容对于了解明代的"军婚"状况十分重要。

《明史·施聚传》中记载施聚的祖先属于蒙古人，但语焉不详。墓志则记录有施聚的父、祖及曾祖的蒙语名字。施氏家族自施忠（施聚之父，原名黑厮）开始归附明政府，易汉姓，移居通州。施聚夫人李妙明的墓志中提到其兄名曰把秃，则李氏一族也是蒙古人。

施聚起初因袭受券（为了巩固皇权，笼络功臣，朱元璋创建的铁券制度），他的墓志中出现了"券词"，直接反映了英宗复辟后对"夺门"有功人员的犒赏。但施聚作为外族能够在汉人的军队中升迁，有战略头脑和作战勇猛才是主要的原因。其作战之能，连对手都很钦佩。

施聚是个牛人。有次蒙古人兵临城下，别人都很害怕，他则很淡定，有"古名将之风"。敌人久攻不下无奈撤退，别人都在庆幸，他反而叫人打开城门去和敌人对战，宜将剩勇追穷寇去了。

在辽东做守将时，施聚不像上任守将等长城坏了才修，而是随时修缮，反而节省了大量的成本，也起到了很好的防御效果。可见平时注意文物保护不是坏事。

谁说女子不如男。他老婆也是个有性格的人。墓志上，没有像一般的家庭妇女一样过多介绍自己的德行贤惠和相夫教子，而是把娘家的简要经历写了一遍。

其孙施鉴袭位后，授其"奉天翊卫，宣力武臣"的封号。这属于专赐给武臣的第四等封号。有次皇帝检阅操练，施鉴大发神威，三箭皆中靶心有其爷雄风，深得皇帝欢心。但后来犯错，爵位被削。又因在贵州平叛有功，恢复原爵。有落有起，也是个人物。

五、红墙内外

作为首都，北京自金中都时就形成了三重城垣的基本格局：外城、皇城、宫城。元大都的重新选址，明永乐年间修建紫禁城和明嘉靖年间加筑外城墙，使北京城形成了明确而完整的"凸"字形、三重城垣的结构。

三重城垣中，中心为紫禁城，至今仍保存完好，被列为世界文化遗产。最外一重城垣是共同构成北京城"凸"字形结构的外城墙和内城墙，其位置大体与今天的二环路和地铁2号线相当。内城和紫禁城之间还有一座独特的城——皇城。三道城墙，依次相套。

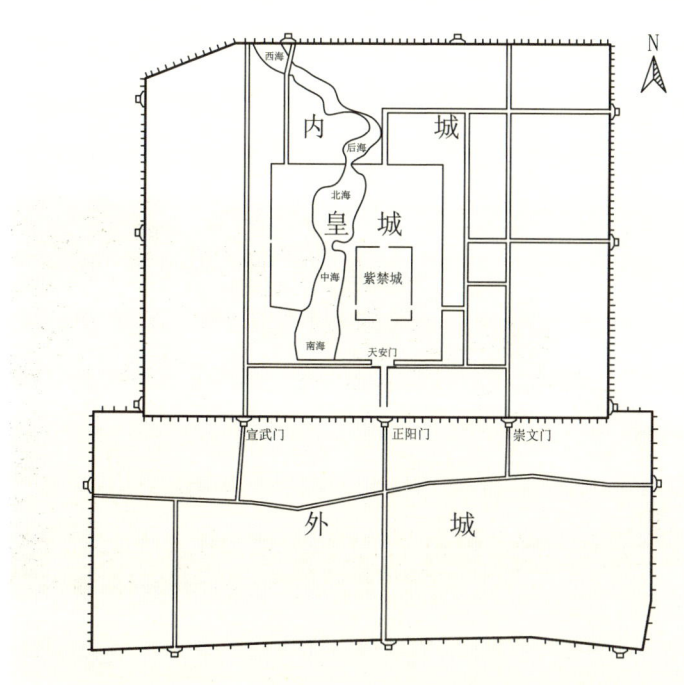

→ 明清北京城形成了"凸"字形格局

北京的皇城始建于金代，后经元、明、清3朝，各个朝代的位置和规模都不同。皇城墙的四周被老北京人亲切地称为皇城根儿，在北京人的心中，它是北京的代名词，代表着文化和历史的积淀。皇城内部都是为皇家服务的官库和机构，一般百姓不允许进入。

皇城墙由大城砖砌成，墙身涂朱垩（红色），顶覆黄琉璃瓦，因此也叫红门阑马墙。有诗为证，"人间天上多无路，只隔红门别是春"。皇城墙又名萧墙，"祸起萧墙"就是形容自家内部发生祸乱。

皇城墙一直保留到民国。后来随着帝制的取消，皇宫禁地被打破了；同时由于皇城位于北京城的中心，东西往来必须要绕道而行，因此对皇城墙进行了拆除。现在只能在长安街上见到一段，其余部分已随岁月湮灭。

← 复原的东皇城墙，黄瓦朱身昭显着皇家气派

→ 东皇城墙遗址发掘后,被打造成为百姓休憩的公园。石头上镂刻出的皇城形状,依据的是考古成果

直到2001年东皇城墙的东安门磉墩、皇恩桥燕翅和北皇城墙的墙基被考古人员挖出来,地理坐标逐一被寻找到,皇城墙的走向与轮廓才重见天日。

皇城根遗址公园的北端复建了一小段城墙,以示城墙的砌筑方式,并选取东安门、中法大学、北大红楼、南端点、北端点等节点,挖掘、展示地下墙基遗存,建设自然景观并配以雕塑和浮雕,使北京皇城的形象更加丰满。

它使老北京的历史文脉得以延续和充分展示。有意思的是,北京最早的公园——余园,就曾位于东皇城根附近的东厂胡同。如今的遗址公园与那个当年京城第一园,也可以进行一场"时空对话"了。

六、玉河的春水

"挖到什么了？是不是宝贝？"1998年4月，正在平安大街施工的工人挖到带云龙浮雕的基石和城砖筑的河堤。听到"东吉祥胡同北口挖出文物"消息的考古人员赶到了现场，确认是玉河的遗址。

玉河又称御河，是通惠河的一部分，指积水潭东岸经万宁桥（一度称海子桥、后门桥）、东不压桥胡同（地安门东大街）、北河胡同、水簸箕胡同，向南顺北河沿大街、南河沿大街流出城的这一段。

名师出高徒。元代刘秉忠的徒弟郭守敬主持修建的通惠河至元二十九年（1292年）开工，第二年就完工了。以现在的技术水平看，这样的效率也是惊人的。它将昌平白浮泉的水引出，呈"C"形路线逐渐下降高差，经瓮山泊（今昆明湖）至积水潭，经朝阳区杨闸村一路向东，到通州旧城西北入护城河，绕城西、城南至旧城东路，沿着玉带河至张家湾入白河，全长82公里。元朝中后期，每年有二三百万石粮食从南方经通惠河运到大都。"万舟骈集"成为著名的通州八景之一。

到了明代宣德七年（1432年），皇上因为东安门外河边居住的人离皇城太近，吵得他睡不踏实，就直接放了个大招，把皇城墙向东迁了一里，以至于东不压桥以南的玉河，被包入皇城以内，从此大运河上南来的船只，再无可能进入北京城。原来的积水潭也逐渐淤积和缩小，最终形成现在的什刹海。民国之后，逐段改为暗沟，玉河也就慢慢从人们的视野中消失了。

玉河与皇城墙，一动一静，是一对好搭档，共同构成明清北京城如诗如画的风景，成为许多文人骚客吟咏的对象。明代马祖常《玉河》诗称："御沟春水晓潺湲，直似长虹曲似环。流

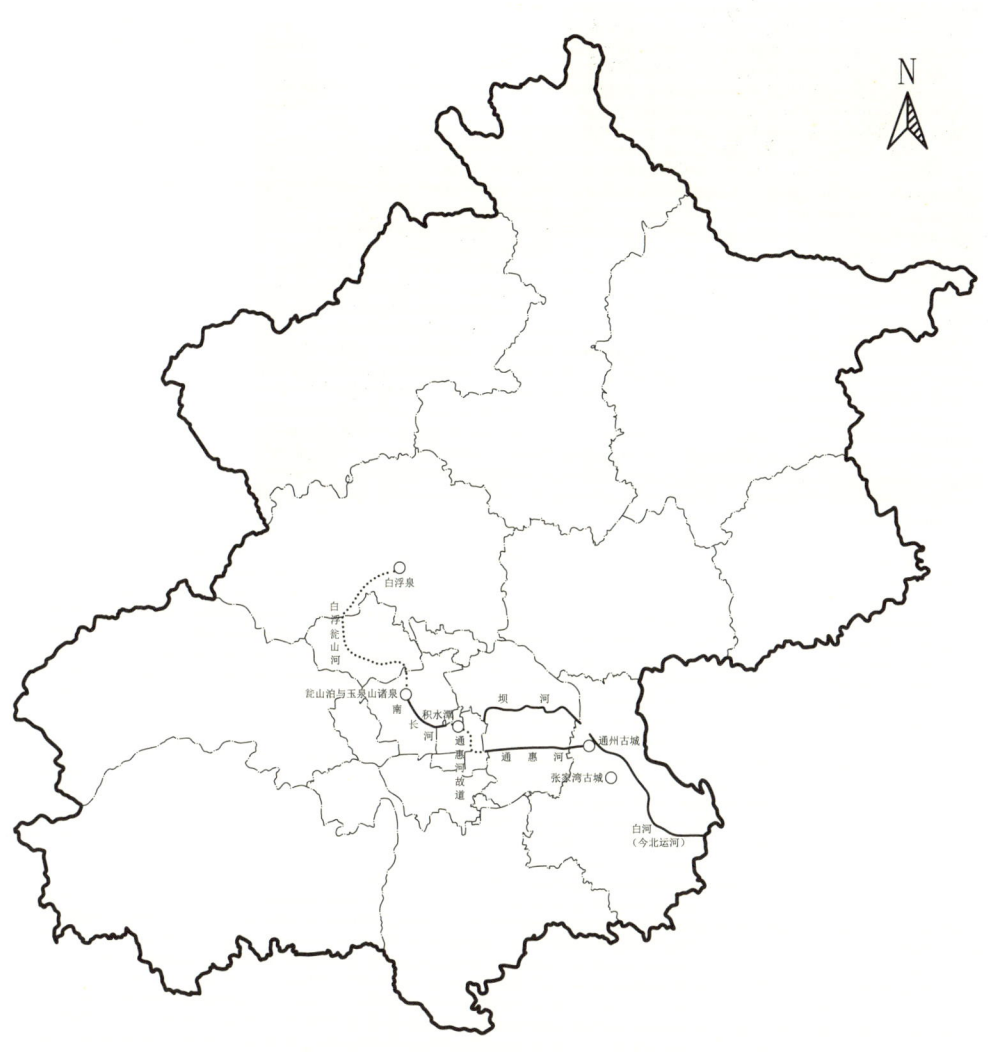

↑ 元大都的水系，通惠河为大都的繁荣起了巨大的推动作用

入宫墙才咫尺，便分天上与人间。"

714年后，考古人员对万宁桥至地安门东大街间的玉河遗址进行了发掘，明代玉河堤岸及河道、东不压桥及澄清中闸、下闸、便桥、玉河庵、码头及排水道等再现于京城。

修通惠河前，万宁桥西已建有海子闸，后来海子闸改名澄

↑ 挖出来的明代玉河堤岸，为玉河的流向找到了准确的定位

清闸。由于水位逐渐下降，郭守敬在兴建通惠河工程时，计划每10里设闸一处，每处设相距一里的上、下两座闸。上开下关，上关下开，以提升水位方便通航。

实际施工时发现，海子闸由于坡降（河流水面单位距离的落差）过陡，原规划中的建两座闸无法控制，所以增建中闸。通过建闸减缓坡降，是北京漕河的巨大成功经验。这一原理，至今仍在葛洲坝船闸发挥着作用。这样，通惠河自广源到河门，"凡置闸二十四座"。这24座闸由朝廷的水利部管理，不属于北京市。挖出来的澄清中闸和下闸，证实了《日下旧闻考》《析津志》中"澄清闸三"的记载。澄清三闸全部面世，是北京水利史和建筑史上的重要资料。

澄清上闸与中闸间的直线距离是500余米，两闸底高差约1米；中闸与下闸间的直线距离约500米，两闸底高差约1米。于是上闸与下闸，闸底高差约2米。这也是仅1公里余的长度内设3座闸的原因。千里大运河的"最后一公里"，就这样被郭守敬的过人智慧与科学巧思解决掉。增闸是航运的需要，明代中期后不再通船，中、下闸便逐渐废弃。

考古还让嘉庆年间重修的玉河庵得以现身。这座庵在《加摹乾隆京城全图》上即有，但因后世的变迁一直不知踪影。它就掩埋在澄清中闸北侧。

水穿街巷，青砖灰瓦，垂柳依依，绿荷蒲苇。发掘后的玉河仿佛让人重回花红柳绿、有"小秦淮"之称的元代玉河。走在古河道旁，历史又在后人的眼前重现。

玉河流呀流，向东流啊流，经通惠河汇入北运河。运河之

↓ 澄清下闸的发现证实了《日下旧闻考》中的记载

→ 玉河两岸风景如画，成为北京新的网红打卡地

水奔流不息，荟萃了南北文化，造就了海纳百川的北京。

秦时，运河的前身沽水即运输军需以济边关。此后运河多次易名，前后达14次之多。历史上大运河还多次改道。2018年通州张家湾挖出来的运河故道长3000米，最宽达320米，为清嘉庆十三年（1808年）以前的大运河故道。

运河沿线汇聚了儒、释、道、民俗杂神等众多宗教文化。乾隆时期通州有两座小圣庙，一在旧城北门外，一在张家湾，但现在都已不存了。后者幸运地通过考古被发现了。小圣是谁？有两说。一为中国古代神话中的黄河水神冯夷，一为清代的河北考生滕经，进京途中落水身亡，皇帝封神而名。小圣庙是北京民俗杂神的物证。

↓ 张家湾的小圣庙房屋遗址，是宗教文化多元的反映

七、地下圆明园

北京西郊，群峰叠立，流泉汇聚，自古以来就是著名的风景区。金代章宗已在玉泉山上建行宫"芙蓉殿"，元代海淀一带的湖泊是都下文人唱和游赏的风景区。海淀构筑园林始于明代，清代则大规模营造皇家园林区，给现在的各地游客和北京市民留下了数不尽的美丽景观。

其中，东西绵延10多公里、亭台楼阁遥相呼应的园林风景区，称为"三山五园"。

"五园"之一的圆明园，由圆明园、长春园、绮春园三园组成。三座园林连成一片，呈"品"字形，有风景建筑组群100余处。今人所谓圆明园，实际上包括长春园、绮春园二园在内。

> **小贴士**
>
> "三山五园"是对北京西北郊、以清代皇家园林为代表的历史文化遗产的统称。"三山"指万寿山、香山、玉泉山，"五园"指颐和园、静宜园、静明园、畅春园和圆明园。

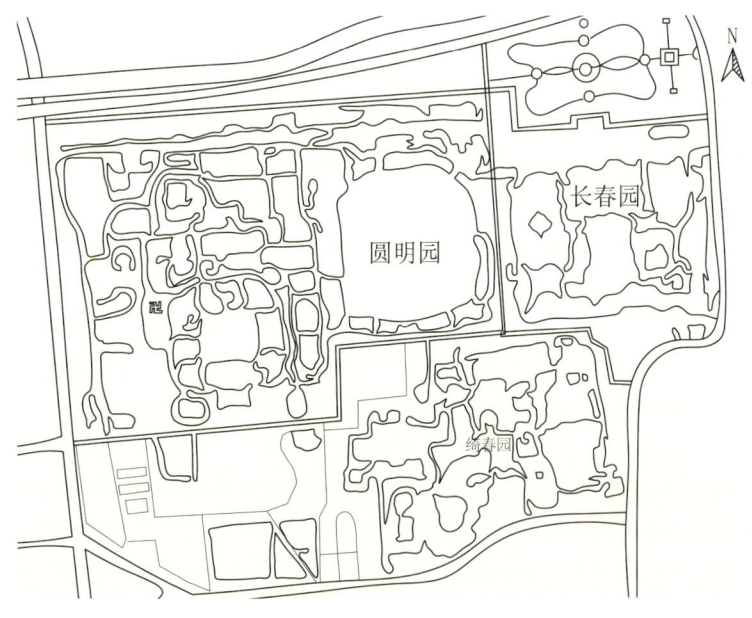

→ 圆明园三园呈"品"字形分布

它出现在清王朝的鼎盛时期，经历了康熙、雍正、乾隆、嘉庆、道光、咸丰6朝，历时150余年。法国传教士王致诚赞誉："这里是一座真正的人间天堂……这处游冶之所叫作圆明园，即万园之园，无与伦比之园。"

令人心痛的是，咸丰十年（1860年），英法联军的一把大火，使圆明园诸多景观付之一炬。

历尽百年沧桑后，曾经的琼楼玉宇灰飞烟灭，辉煌盛世下的历史原貌无从知晓。但它并没有消失，只是静默地深埋于地下，接受着岁月的洗礼。

假以时日，它终会破土而出，重焕新生。

使它重现人间的"咒语"是科学考古。

考古就像一把打开地下王国的密钥，开启了神秘的地下圆明园。

自1994年起，经过27年的考古发掘，圆明园里挖出了什么？

考古发现像一块块碎片，拼起圆明园不为人知的一面。

含经堂建筑群是长春园规模最大的中式建筑群，历经25年才建成，仅其中收藏的王羲之、王献之等唐代以前的99位书法家的墨迹就价值连城。

18世纪，这里还是一片青砖绿瓦的楼台亭榭，酷爱诗画的乾隆皇帝常常陪伴他的母亲，在荷叶莲池边翘首企盼明月升起。但一群远方来的白种人永远毁灭了这属于中国人的良辰美景。

考古人员在含经堂遗址开展了圆明园被毁后140余年来的首次发掘，惊讶地看到，宫殿基址到处布满炭灰，最厚处达2厘米。"每一锹挖下去，都像挖到了自己的伤口。"这里发现了上万块被烈火焚烧过的地砖。

考古人员还发现了当时世界上先进的排水系统。地漏呈钱眼形，上有盖子。脏水从西向东去，不注入湖中，是避免污染

←舍经堂遗址发掘出大规模的宫殿基址

净水。它最后通到哪里去了，古人的这套排水系统是如何规划的……还有待更多的考古发现。后人仅能知道的是，清朝时就已经以极大的工程代价保护生态环境了。

两块一人多高的柏木板已炭化皲裂——它属于昔日的大戏台，那上面曾演出过多少动人的戏乐。但在大火中，戏台烧裂坠落，木板掉入井中。这是仅存的两块。戏台下的地井是干什么用的？地井的四角原本各有一大缸，原来是皇家的音响设施。

由于圆明园不一般的经历，和别的考古工地不同，考古人员经常在开工前集中列队，进行爱国主义教育，勿忘国耻，振兴中华。

玉道士及玉和尚头像做工精美，刀工细致处，人物的眉毛都清晰可辨。而像这样的文物包括瓷器、琉璃、汉白玉、砖雕、玻璃、铜器、石料构件等出土了上千件。

第六章 帝都过往

→ 玉道士（左）和玉和尚（右）头像刀工细致，眉目传神

　　这些文物固然珍贵，但更重要的是遗址重见天日，为后人认识曾经的含经堂打开了一扇窗户。原本打算在这里兴建建筑的有关部门，面对挖开后完好而宏大的遗址做出了原址保护的决定。

　　含经堂东侧的买卖街遗址挖出了41件葫芦陶范（葫芦生长中使用的模具，可使葫芦形成特殊的形状）。它们的内壁刻有纹饰或文字，也有两者结合的。"寒雨连江夜入吴，平明送客楚山孤。洛阳亲友如相问，一片冰心在玉壶。"这首唐代王昌龄的《芙蓉楼送辛渐》也出现在了葫芦陶范上。

←《芙蓉楼送辛渐》刻在含经堂出土的葫芦陶范上

坦坦荡荡位于九洲景区的后湖西岸，是皇帝遛弯、泡妞的地方，起初叫"金鱼池"，布局和意境仿杭州西湖"玉泉观鱼"。乾隆作《坦坦荡荡》诗：凿池为鱼乐园，池周舍下，锦鳞数千头，喁喁拔刺于荇风藻雨间，回环泳游，悠然自得。诗云众维鱼矣，我知鱼乐，我蒿目乎斯民！

凿池观鱼乐，坦坦复荡荡。
泳游同一适，奚必江湖想。
却笑蒙庄痴，尔我辨是非。
有问如何答，鱼乐鱼自知。

揭开坦坦荡荡尘封已久的尘土，考古人员发现了密集的柏木桩。它们有两米多长，深深插入土中，以加固基础，防止松动。

挖到河底，那6个石头堆是干啥用的？俯瞰一下，居然是空心的，还是用太湖石堆叠的。这堆太湖石除了造景，还有一个隐秘而实用的功能。

太湖石围起的地下凹陷是给鱼儿过冬的鱼窖。因为低于地

小贴士

太湖石是中国四大奇石之一，因产于太湖而得名，形状各异，姿态万千。通灵剔透的太湖石，能体现"皱、漏、瘦、透"之美。因通体空洞，而称为"窟窿石"，是中式园林造景的上好材料。

↓ 皇帝闷了就去喂鱼

面，冬天也能保持一定的温度，不会结冰，所以不必迁出金鱼饲养。这里挖出的青花瓷绣墩，可能就是皇上和后妃们赏鱼时坐的凳子。

遥想当年清帝和后宫佳丽坐在临水而建的曲桥上，凭栏赏月、锦鳞千头，投食喂鱼，确实是风月无边啊！仅乾隆二十一年（1756年），乾隆皇帝就来此地投喂金鱼72次，平均5天来一次。

圆明园的正门称为大宫门。当年清帝从园内往返故宫、西陵或南苑时，都由大宫门出入。皇帝处理政务的前朝区也设在大宫门内，所以大宫门是各座园门中规格最高、规模最大的。

大宫门区域集中了宗人府、礼部、吏部、兵部等20余个中央部门，集中办公，减少公文流转、推诿和扯皮，效率想必很高。

浩劫，让大宫门已经消失不见，很多游人都不知道圆明园真正的大门其实在这里。考古，让昔日大门的地下基础浮出水面。大宫门与朝房的距离同《圆明园四十景图咏》中的比例相比要小得多，说明图咏中有夸大的成分。朝房的规格不高，当

↓ 挖出来的大宫门遗址，反映出朝房的规格
→ 大宫门出土的琉璃坐龙是建筑上的构件，寓意帝王

年这些省部级大员的办公面积都十分狭小,反映出雍正皇帝的节俭、务实风格。

养雀笼因屋内笼养孔雀等鸟类而得名。相传虽然这里养了很多孔雀,但骄傲的孔雀并不轻易亮出它们漂亮的羽毛。于是有人出了馊主意,让故意打扮得花枝招展的妃子们从孔雀前经过。孔雀一看心想,什么意思嘛,居然比我还花哨,就不甘示弱纷纷开屏了。

几百年后,发生了似曾相识的一幕。考古发掘完了要高空摄像,无人机刚把照相机带到空中,在园内盘旋的一群鸽子一看怎么回事嘛,居然比我飞得还高,以为这是它们的同类,我要飞得更高,翅膀卷起风暴,心生呼啸。真假鸽子混在一起,伴着无人机的嗡嗡声,煞是壮观。工作人员很担心鸽子会被无人机的螺旋桨打到,更担心鸽子会毁坏无人机——那是固定资产。还好,鸽子没有和无人机贸然亲热,只是远观而没有亵玩,最终照相工作在鸽子的护卫下安全完成。

输水铜管的发现使人弄清了养雀笼的排水过程:水从黄花阵西侧河道引进西蓄水楼,再沿地下水道内的铜管供应给东侧的菊花形喷灌池,再向东到达养雀笼。养雀笼东侧欧式牌楼旁的喷

← 输水铜管给出了养雀笼如何排水的答案

→ 发掘后的蓄水楼遗址，揭示了完美水世界的循环过程

泉喷出的水，收集后通过地下水道流进养雀笼东部的河道。

"孔雀牌楼"琉璃构件同样发现于欧式牌楼下的石砌水道内，似乎说明，"孔雀牌楼"是这座牌楼应有的名字。

海晏堂建成于乾隆二十四年（1759年）。"海晏"一词取意"河清海晏，国泰民安"。2012年，影星成龙的电影《十二生肖》大卖。影片中的十二生肖兽首原型即为海晏堂喷水池左右呈"八"字形排列的铜像兽首。每昼夜十二个时辰，由十二生肖依次喷水，正午时，十二铜像同时喷水。这些铜像由西方人设计，在中国制造，融东西方文化于一身，俗称"水力钟"。它们能定时喷水的原理，现在也没弄明白。

喷泉和水池都需要大量的水。蓄水楼即为喷泉的供水塔。考古发掘揭示了喷泉景观的水循环过程。水先从水道进入水车间内的水池，通过水车或人工提拉送至蓄水楼顶部，再通过铜管输送至各喷泉口，由高差产生压强，从而产生喷泉效果。喷泉喷出的水溅落至喷泉池内，喷泉池与水道连通，水顺水道流回水车间内的水池。如此循环往复，形成完美水世界。

远瀛观是一处建在高台上的西洋钟楼式大殿，门窗皆镶玻璃。优质汉白玉建造的石柱上面有精美的雕花。乾隆皇帝曾在此办公、居住、观赏喷泉。

可惜，咸丰十年（1860年）之后，这里只剩下了荒芜的废墟。156年后的考古发掘帮助人们认清了呈倒"凹"字形的库房。完美的路网系统也是考古的新发现。图档史料上没有道路记载，但这显然不符合实际情况。路网发现了，人们就知道清代的人如何活动了。大殿上的石砌排水道，是屋顶上雨水排泄的通道。这是重要的发现，反映了排水设计。

如园位于长春园宫门区的东侧，是一处面积相当于3个足球场的园中园。可能因为位置较偏，所以那些房基、道路、河湖、假山都保存下来了。

乾隆皇帝下江南时，对江宁（今南京）的瞻园（明代中山王徐达的西花园）情有独钟，不仅亲自题写匾额，还为其作诗《寄题瞻园》。回京后不忘初心的乾隆仿瞻园建造如园（如园的意思便是状如瞻园）。后来，嘉庆皇帝又进行了大规模重修。

考古揭露出延清堂、含碧楼、挹霞亭、观丰榭、听泉榭、引胜斋、待月台等建筑基址，摸清了如园在嘉庆时期的布局、形制和工程做法。

当年铺设的台阶及道路被挖出来了。拾级而上，能工巧匠用碎石子铺成的花园小径在手铲下重现。乾隆、嘉庆皇帝想必当年也曾踏着这些台阶走向花园。由方砖铺成的道路，两侧是河卵石铺的散水，个别散水还铺成花卉的图案。道路上还有过水沟，以方便雨水流通。正是这样一条条小路将宫殿、亭榭、假山相连接。整个路网系统设计科学、理念超前，是古人智慧的结晶，而这是现存平面图和文献中无法看到的。

遗址上挖出了大量有火烧痕迹的室内铺地金砖和粉彩瓷砖，

↑ 如园发掘出的建筑基址,揭示了江南园林的布局

← 如园遗址挖出的沥粉瓷砖,用于地暖和装饰

好多已被烧至酥裂。此外,还在路面和院落地面上发现了大面积的过火面,可见当时火势之剧烈。

如园布局小巧精致,疏密有致,一步一景,细节设计十分用心。诸如台阶的设计并非一个规整的平面,而是遵循了石头自然的棱角和形态,使得如园处处彰显着江南园林式的自然情趣与意境。

延清堂内可以看到当年尚存的地砖,之下为干砂层,这种墁地做法印证了文献中的金砖墁地不用泥,而用干砂或纯白灰

← 百年古莲子又复活了，盛开出娇艳欲滴的花朵

的说法。

与延清堂隔湖相望的含碧楼发现两块御笔刻石。一块刻有"御题"二字，后面钤两方篆书印章，首钤"嘉庆御笔之宝"，末钤"夙闻诗礼凛心传"。另一块石条刻"朱华翠""盖满池"字眼，嘉庆皇帝曾题《如园十景》诗，中有"翠盖满池塘"的诗句。御笔石刻的发现也证实了嘉庆皇帝重修如园的史实。

"这是什么！"发掘接近尾声时，一位考古人员发出了惊呼声，他在镜香池内发现了10余颗种子。工作人员为弄清它们的品种，将它们带到专业机构鉴定。让人没想到的是，这些种子竟是百年以上的莲子。

这些宝贝的身份明确后，很多人产生了一个大胆的想法：通过现在的技术手段，能否让莲子成功发芽，重新开花？答案是肯定的。

这些莲子比普通莲子发芽时间更长、培育难度更大，因其埋藏时间久远，加上种子本身的质量因素等，降低了成活率。经过专家的监测研究和精心培育，有6颗莲子成功发芽，并长叶结藕。在温室中越冬后，第二年移出温室种植。

莲子之所以能存活很久，是因为它们一直被埋在温度低、湿度小、微生物少的泥炭土中，过着长期的休眠生活，新陈代谢几乎停止，不具有生根发芽的条件。莲子含的水分极少，只有12%。并且，它的外面有一层硬壳，还可以防止水分外泄。莲子里有一个小气室，里面大约存贮着0.2立方毫米的空气，就是这点空气维持了它的生命，使它历经百年后仍可以萌芽、生根、开花。

> **小贴士**
>
> 满堂红指建筑物的地基是一个整体，一般用于基础地质不是很好而上部又要荷载大型建筑的情况。

莲二代复活开花。虽然已有百岁，但盛放的花朵依然娇艳欲滴，吸引了众多游客驻足拍照。网友的评论也是亮了："沉睡百年，只为目睹人间盛世"，"厉害了，我的莲"，"阿莲，你是否能够感觉，这虽然相隔很远，却割不断的一份情缘"。

紫碧山房景区始建于雍正时期，位于圆明园西北隅，建筑以宫门为首，散布于山体之间。西面为一湖泊，湖中央为澄素楼。

由于太远，园内又没有交通工具，考古人员每天都需步行两万步以上才能到工地，走得个虎虎生风。等挖完了，大小伙子的虎熊腰都变成了水蛇腰。挖出的建筑基址的满堂红基础是

← 紫碧山房的半圆形码头是新的发现

圆明园中最厚的，达两米，体现了清代皇家对建筑质量的精益求精，反映出清代匠人的工匠精神。

半圆形码头是考古新发现。据载，乾隆坐船到紫碧山房，再从一个方形码头上岸进入宫门。但在方形码头边还建出了一个半圆形码头，这是以往历史图档中没有的。这种半圆形码头从上到下有个梯形的坡度，正好和船头的弧度吻合，方便固定船头。

因为这种半圆形码头是第一次发现，考古队内部产生了争论，但最后达成了一致：皇帝去紫碧山房，肯定不止一艘船，一个码头是不够的，所以有可能是随行人员用的。

除此之外，地下圆明园还发现了：舍卫城门下的水涵洞，澹泊宁静主建筑"田字房"的基址和皇家稻田遗存，长春园宫门广场南部的地下排水道设施……

← 万方安和是以"卍"字形为主的水上景观，整座建筑由33间东西南北室室相连的殿宇构成，犹如漂在水上

结束语

拉近距离

风餐露宿，青灯黄卷。

考古留给人的第一印象多半是这样。

术语高冷，云山雾罩。

第二印象似乎也不怎么样。

没有"钱途"、影响建设、拖延工期……

信手拈来，不胜枚举。

那么，为什么需要考古？

考古最大的本心与原动力在于人们对过去的好奇心。它根据古人遗留的各类物质资料，弥历史之缺失，补文献之不足，拓研究之新域。它的终极目标，是对消失历史的认知和古代社会的复原。考古是新中国成立以来北京人文领域发展最快的学科之一。发展快恰能说明需求的强烈。经过100年的发展，考古学芳华正茂，生机勃勃。

考古怎么复原古代社会？

考古是通过物质遗存研究过去的学问。考古发现永远是第一位的。遗迹、遗物、遗址是考古研究的资料。通过调查、勘探、发掘、测绘、信息化等技术获取资料；通过地层学、类型学、文化因素分析等方法研究资料；通过动物考古、植物考古、环境考古、冶金考古、纺织考古、陶瓷考古、体质人类学等考古分支学科解读资料；通过对古代社会发展规律性认识的基础理论、应用理论和前沿理论的多元理论结构指导资料研究，构架起古代社会大厦。

这些名词听起来挺绕，简单地说，就是让挖出来的东西说话。

考古复原历史有什么用？

考古拉近了现实与历史的距离。认识历史离不开考古学。所有人都是历史的尘埃，拥有的一切都会成为过去，而考古学会让原有的记忆逐渐恢复。考古人将埋藏于地下的古代遗存发掘出来，将尘封的历史揭示出来，将新的历史知识解读出来。考古填补了北京历史的空白，印证了北京历史的真实，增强了人们的文化自信心和凝聚力。在真实的文物面前，人们感叹历史是如此触手可及，文物是如此灿烂多彩；不再流于纸间文字的飞舞，不再纠结于"层累造成古史"。实实在在的文物在呼唤人们古老记忆的同时，更成为人们团结、凝聚、向心、自豪的有力武器。

考古拉近了今人与古人的距离。当人们看到平谷6000年前的圈足钵与现在平谷的搪瓷钵如出一辙，昌平4000年前的石铲与现在的铁铲一模一样，房山3500年前的梳子和现在的梳子难分雌雄时……不知是哑然失笑还是心头一震。当人们通过考古了解到古人也爱臭美，爱撸串，爱抢瓶，爱节约，爱创新，甚至爱考古时，更会由衷地感叹。其实，人的心理和行为，几千年来都是不变的。我们，还是我们。

考古拉近了小众与大众的距离。探求古人的过往，不论是历史视角还是人类学视角，对古代社会的复原都是冷学问，不是所有人都坐得下来，静得下心，想得进去，但是人人都有对过去的怀念和好奇心。考古解读，以丰富的传播内容和灵活的传播形式达到有效传播，令人兴趣盎然，印象深刻，连讨厌的学术争论也能热情拥抱。

考古拉近了北京与周边、中国与世界的距离。自万年前，北京与周边就保持着密切的往来，北京与辽西、内蒙古中南部、冀中、鲁西的古文化交融会通，成为沟通华北、东北、西北的桥梁，并发散辐射了整个中国，交流程度远远超出人们此前的认知。中华文明与世界其他文明互通有无、交流借鉴。西亚的玻璃碗、银铃、釉陶，高丽的青瓷，叙利亚的石刻，西洋式园林和建筑，日本、西班牙的古钱币……都在北京发现了。

虽然考古发现的只是真实历史的万分之一，但每次发现都是一把钥匙，打开了这项发现背后的一扇大门，从中可以更清楚地看到它的精彩、它的荣耀、它的沧桑。在若干大门连成的地平线上，冉冉升起的正是北京历史的跌宕起伏。

走进考古，走近北京。

后 记

"考古"和"北京"是我生命中的两个关键词。这本书把两者联系到一起了。

2020年10月20日中午,一家胡同中的小酒馆里,在杨家毅先生的引荐下,吕克农先生前来约稿。当时他向我抛出了一个问题:历史何以在几千年的发展演变中选择北京作为首都?希望能以此立意,从考古的角度解读北京发展的历史。这也是我一直想干的事情,所以毫不犹豫就点头答应了。

不过这不是一个好干的活儿,它不能像我以前写《当代北京考古史话》那样可以聚焦于行业发展史,也不能像写《穿越皇城》那样可以信马由缰。要跳出北京看北京,跳出考古看考古。我力图以小片段折射大历史,以小地点反映大格局,以小事件表现大舞台,以小文物体现大文化,以小人物解读大命运。通过"物"解读背后的"文",通过"文"走近背后的"人",有古人,也有今人。人性永远是第一位的,古今一体。

北京,何以北京?

北京,因为北京。

众人拾柴火焰高。在写作过程中,得到了靳枫毅、赵福生、谭烈飞、祁庆国、王然、刘迪、王岳鹏、曹芳、何嘉宁、王涛、赵静芳、崔剑锋、黄曲、吴长青、李健、张新华、张晓达、黄兴、彭菲、刘扬、刘小贺、闫博君、张睿等良师益友的指教,非常感谢!

感谢吕克农先生的信任和单明明女士为之付出的艰辛。

郭京宁

2021年3月

幽州之地，

左环沧海，

右拥太行，

北枕居庸，

南襟河济，

诚天府之国。

——《日下旧闻考》